A NOVA INFÂNCIA EM ANÁLISE

G983n Gutfreind, Celso.
          A nova infância em análise / Celso Gutfreind. – Porto
       Alegre : Artmed, 2022.
          191 p. ; 21 cm.

          ISBN 978-65-5882-030-7

          1. Psicanálise. I. Título.

                                                    CDU 159.964.2

Catalogação na publicação: Karin Lorien Menoncin – CRB 10/2147

Celso Gutfreind

A NOVA INFÂNCIA EM ANÁLISE

Porto Alegre
2022

© Grupo A Educação S.A., 2022

Gerente editorial: Letícia Bispo de Lima

Colaboraram nesta edição:

Coordenadora editorial: Cláudia Bittencourt

Capa: Maurício Pamplona

Preparação de originais: Vitória Duarte Martinez

Leitura final: Samuel Kirst

Editoração: TIPOS – design editorial e fotografia

Reservados todos os direitos de publicação ao
GRUPO A EDUCAÇÃO S.A.
(Artmed é um selo editorial do GRUPO A EDUCAÇÃO S.A.)
Rua Ernesto Alves, 150 – Bairro Floresta
90220-190 – Porto Alegre – RS
Fone: (51) 3027-7000

SAC 0800 703 3444 – www.grupoa.com.br

É proibida a duplicação ou reprodução deste volume, no todo ou em parte, sob quaisquer formas ou por quaisquer meios (eletrônico, mecânico, gravação, fotocópia, distribuição na Web e outros), sem permissão expressa da Editora.

IMPRESSO NO BRASIL
PRINTED IN BRAZIL

AUTOR

Celso Gutfreind nasceu em Porto Alegre, em 1963. É escritor e psicanalista. Como escritor, tem 41 livros publicados, entre poemas, crônicas, contos infantojuvenis, ensaios sobre humanidades e psicanálise. Participou de diversas antologias no Brasil e no exterior (França, Luxemburgo e Canadá). Tem textos traduzidos para o francês, o inglês, o espanhol e o chinês, e seus livros *Narrar, ser mãe, ser pai* e *Tesouro secundário* foram editados na França. Doze vezes finalista do Prêmio Açorianos de Literatura, foi premiado em 1994, na categoria poesia. Recebeu outras diversas premiações, entre as quais se destacam o Prêmio Henrique Bertaso e o Livro do Ano da Associação Gaúcha de Escritores, em seis oportunidades. Foi escritor convidado do Clube de Escritores Ledig House, em Omi, Estados Unidos, em 1996. Atualmente, é colunista da *Revista Estilo Zaffari*.

Como médico, tem especialização em medicina de família, psiquiatria, psiquiatria infantil, além de mestrado e doutorado em psicologia na Universidade Paris 13. É psicanalista de adultos e crianças pela Sociedade Brasileira de Psicanálise de Porto Alegre.

Pela Artmed, publicou *A obra de Salvador Celia*, *A infância através do espelho*, *Crônica dos afetos: a psicanálise no cotidiano*, *A arte de tratar: por uma psicanálise estética* e *O terapeuta e o lobo: a utilização do conto na clínica e na escola*.

> Gênero não me pega mais.
> Clarice Lispector

> O paciente possui uma gama praticamente infinita de relatos possíveis...
> Antonino Ferro

> A história, diz Aristóteles, nos mostra "o que Alcebíades fez"; a poesia – isto é, a narrativa de ficção – nos mostra "o tipo de coisa que podia acontecer" a Alcebíades.
> James Wood

PREFÁCIO – CARTA FALADA A UM(A) JOVEM PSICANALISTA DA INFÂNCIA

> O doce da loucura é teu, é meu
> Pra usar a sós.
>
> Nei Lisboa

Prezado(a) jovem e futuro(a) psicanalista da infância,
    Venho por meio desta contar um pouco da minha história de psicanalista da infância, com a esperança de que, enquanto você sonha em se tornar um(a) deles(as), minhas palavras possam ter alguma serventia.
    A psicanálise, em qualquer idade, busca oferecer palavras, com encanto e serventia, entre a utilidade e a inutilidade. Em que pese a importância do seu entorno, essas palavras são ainda as personagens principais.
    Digo-as com todo o cuidado, pois, se há uma premissa nesse enfrentamento do caos humano, há de ser não invadir o sonho alheio, o mesmo fundamento necessário para a parentalidade, ou seja, cuidar até deixar o outro ser. Quando o atingimos, já não é pouco o que estamos fazendo.
    Localizo as origens de minha identidade nessa área como sendo o neto mais velho de uma família de muitos primos, com homens de bastante trabalho e mulheres que começavam a ingressar no mercado profissional. Ainda não havia a cultura – e nem a grana – para terceirizar o cuidado

dos novos que nasciam. No nosso meio, não havia babás nem cuidadoras. Arranjava-se a solução caseira. A solução caseira era eu. Fui logo designado para me ocupar dos primos menores. Uma penca deles, de quem cuidava artesanalmente. E assim o fazia, com certo prazer, pois a parte principal da minha tarefa era brincar. Com eles, era mais fácil, pois uma bola improvisada resolvia tudo, mas confesso que brincava bem com elas. Sim, eu já vesti bonecas com um prazer só não maior do que o de despi-las.

Anos dourados, pelo menos em parte. E ainda sobrava o bônus de algum dinheiro para picolé, bala, pipoca, amendoim, chocolate, sorvete, parque, algodão-doce, cinema. Quase um paraíso.

Mencionar o cinema é fundamental, pois, certa feita, levei meu primo menor para ver *Tom & Jerry* na matiné – dizia-se matiné, mas era à tarde – do cine Rio Branco, na Avenida Osvaldo Aranha, nem longe nem perto da minha casa. Fomos a pé, que era como se ia quando já se tinha completado 8 anos, ou seja, já se estava maduro para a tarefa. Ele tinha ainda 2.

Ocorre que, desde o começo, o pequeno se entediou com o filme que eu amei, e o resultado é que ficou de pé, brincando com as cadeiras desocupadas, cujos assentos se moviam e nos quais ele se mexia para lá e para cá. Como se fossem um jogo. E eram.

Às vezes, algum adulto pedia para ele ficar quieto, mas eu já tinha 8 anos, estava forte das balas azedinhas e negociava com o entorno, explicando que ele só tinha 2.

A coisa estava indo bem. Só degringolou quando o primo machucou o dedinho na cadeira e não parou de berrar. Sob o meu desespero de perder a melhor parte do filme, tive de sair. O dedo, de fato, estava vermelho e inchado – constatava agora a minha empatia, em seus primeiros exercícios sensoriais.

Não havia celular nem como chamar a tia, e a única coisa a fazer era distraí-lo, durante o tempo necessário, o que era impossível, então tratei de brincar. Com aquela dor. E com a minha. E com a minha com a dele, no cinema novo da realidade.

Brincamos no *hall* e na rua, na frente do porteiro e atrás do baleiro. Fui amigo, primo, Shazam, mãe e pai, em um verdadeiro *role-play* improvisado por sábios 10 anos, 8 do cuidador e 2 do cuidado.

Deu mais ou menos certo, mas um mais ou menos era enorme para nós. Sinto que ali nascia um psicanalista da infância, capaz de brincar com a dor, no melhor dos sentidos, e valorizar cada pedacinho do progresso.

Brincar com a dor até anestesiá-la; não abafá-la, mas compreendê-la e, assim, transformá-la.

Passei a considerar essa história como o mito das minhas origens no metiê depois que ouvi o depoimento do psicanalista da infância francês Marcel Rufo,[1] que descreveu algo parecido, mas não igual. Quando criança, terceirizado para os cuidados da avó, viajava no trem de Marselha ao interior da França. Durante as madrugadas, acordado, não tinha com quem brincar. No entanto, podia ver, através da janela, luzinhas acesas nas casas semoventes e devaneava que estas estavam cheias de crianças dispostas a brincar com ele. Ali nasceu o psicanalista. E a sua história, encobridora da minha.

Na mesma França, iniciando a minha séria formação de psicanalista da infância, estudei e brinquei com o velho mestre Serge Lebovici. Ele garantia que nós, ele, eu, Rufo e todos os demais, éramos filhos de mães deprimidas.

Reconheci em minha mãe alguma depressão, mas, com toda a independência que a psicanálise me ensinou, tentei expandir a ideia de Lebovici. Sim, meio deprimida minha mãe podia ser, mas não a ponto de também não ser. E brincar comigo, ainda que de forma descontinuada. E me estimular a ler, ouvir histórias, ir ao cinema e tornar-me também um cuidador imperfeito.

Penso que a minha persistência como psicanalista da infância, hoje um tanto longevo, tem a ver com isso e retomo, agora, a questão do brincar. Fosse mais verbal a tarefa, apesar de também ser um escritor ligado às palavras, acho que não estaria mais aqui. Às vezes, me agrada a ideia de ser um jornalista esportivo ou um roteirista de cinema, mas nada se impõe à delícia de ainda fazer o que faço. E, a cada manhã, reabrir a cortina do meu consultório. Ou, em tempos de pandemia, da minha casa.

O que de mais importante e expansivo houve na minha infância deu-se jogando ou brincando, e isso inclui o que li. O que li de mais relevante, como adulto psicanalista, foi um livro do argentino Eduardo Pavlovsky[2] (1980), no qual ele refere como o mais decisivo, em sua infância, o fato de ter jogado futebol de botão com seus amigos, inventando histórias, nomes, tramas, intrigas para cada jogo e jogador. Faziam-no juntos, brincando,

---

[1] Revista Le Carnet-Psy.
[2] *Espaços lúdicos e criatividade.*

todas as tardes. Eram verdadeiras narrativas compartilhadas, repletas de ilusão e mundos inventados.

Eu fiz o mesmo, ao longo da minha infância, com meus primos e com meus amigos. E ainda o faço, todos os dias, no meu trabalho atribuído como sério entre as casas do ramo.

Poder trabalhar brincando e abrindo espaços lúdicos é, para mim, o que há de mais fascinante. Tratar os outros dessa forma, sem o artifício da palavra como instrumento imediato, sem o ranço da seriedade fechada, mas com a verdade e a essência aberta da brincadeira, estando com, é um ato que considero sagrado e único.

De quebra, ainda me trato, pois brinco com a outra criança utilizando a minha própria: uma criança incompleta, neurótica, silenciosa, falante e faltante, sob o olhar de um adulto parcialmente completado, mas suficientemente brincado, dentro de mim.

E brinco de completar para expandir, compreender, historiar. Brinco sentindo. Não posso trabalhar sem sentir, e o meu trabalho é coconstruir histórias em torno de brincadeiras. Deve haver, mas desconheço algo mais fascinante.

Não que seja leve ou fácil. As crianças chegam com dor na alma, banhada pela angústia não dita de seus pais e posta no corpo delas, que, infelizmente, se prestam a isso. Imperam sintomas, sobram atos, faltam pensamentos, escondem-se sentimentos, carece o interesse por aquilo que as inibe. A dor da outra criança puxa o fio da minha, que parecia sanada. Então, recomeço os trabalhos comigo mesmo, com o outro e com o outro em mim mesmo, até que a brincadeira desinibe os dois. E aqui me lembro de outro psicanalista da infância que tive o privilégio de ler e de estar perto.

René Diatkine (1994) aponta que a nossa função maior como psicanalista infantil é despertar na criança o interesse pelo seu próprio funcionamento mental e pelo que se passa com ela. Quando o desencadeamos, atingimos o nosso princípio fundamental, pois já estamos a caminho do que nos é possível: desejar compreender e atribuir sentidos ao que antes não tinha.

As crianças, quando não estão inibidas, são sedentas de perguntar sobre as suas origens. Os pais nem sempre respondem (Freud), e elas logo percebem que a análise é um lugar propício para retomar as buscas: "A comunicação de uma verdade, em análise ou fora dela, somente adquire sentido se liquida um percurso e inaugura um novo caminho para as ressignificações psíquicas em um sujeito que não deixa de historicizar-se em um esforço sem trégua para encontrar respostas teorizantes para os enigmas que as origens inauguram".[3]

Vivemos, assim, de despertar o outro e a si mesmo para vir ou voltar à tona, curioso novamente por si próprio e pelo mundo. Depois do nascimento, o renascimento, o maior dos nascimentos (Andrade, 2005).

Toda vez que isso acontece, e uma oposição, uma angústia, uma depressão ou uma dificuldade de aprendizagem, entre outros possíveis sinais de sofrimento, são substituídos por uma pergunta, no meio de uma brincadeira, eu me sinto grato e pleno de prazer. A vida do outro e a minha ganham um sentido maior.

Claro que demanda tempo, e seguido eu apenas o cavouco (cavoucamos) em um tempo em que não há mais tempo. Por isso, estou me dirigindo a vocês por meio desta carta, e não no instantâneo das redes sociais.

A forma foi premeditada. Cartas demandam tempo, selo, lambida, correio como mediador, metafóricos aqui. Tempo é o que mais falta para o desenvolvimento de uma criança hoje. Mas não haverá mundo melhor – sequer haverá mundo – se as crianças não se desenvolverem melhor.

Quando pais entregam filhos para nós analisarmos, estão, no fundo, aceitando que a gente perca tempo para ganhar a (re)construção mais importante de uma vida: estando junto, a partir de um encontro, poder compreender o que se passa fora, dentro e entre. Para viver. Para criar e não morrer antes da hora.

Sei que falo do fundo de mim, de dentro para fora, rodeado pelo meu narcisismo e banhado também pelas minhas faltas. Eu respeito cada um que decide fazer outra coisa nesta vida diversa, e deve haver trabalho mais bonito. Sinceramente, desconheço. No dia em que encontrá-lo, poderei mudar de ramo, mas esse momento ainda não chegou. Caso chegue, prometo voltar aqui para uma nova carta.

Atenciosa e empaticamente,
Celso Gutfreind

---

[3] Silvia Bleichmar como citada em Rosenberg, 1994, p. 140.

SUMÁRIO

Pra começo de conversa – A nova infância existe? 19

PARTE 1 – DA MÚSICA À POESIA DO COMEÇO

1 Música e psicanálise infantil – Aqui se canta, aqui se cura 29
2 Melodia e vínculo na psicanálise da infância 33
3 De como avaliar um narcisismo 36
4 Por uma psicanálise de bebês 40
5 Édipo e latência: ficções ou realidade na clínica da criança 43

PARTE 2 – DO TRANSGERACIONAL À PARENTALIDADE

6 Os impactos da cultura contemporânea sobre ser pai e ser mãe 49
7 O transgeracional nas sessões – Narrar ou não narrar 54
8 Quando a criança põe em cena o transgeracional 57

9   A importância das representações parentais na psicanálise da infância   61

10   Adoção e psicanálise infantil   65

11   A elaboração na psicanálise do adolescente   70

PARTE 3 – A PSICANÁLISE NA INFÂNCIA COMO UM TRABALHO NARRATIVO – A PROSA DA CONTINUIDADE

12   O psicanalista infantil como um contador de histórias   75

13   A psicanálise infantil e o eterno retorno da narratividade   79

14   A clínica da infância como o fomento da desobediência   82

15   O espaço do teatro na psicanálise infantil   86

16   Jogos eletrônicos e psicanálise da infância   92

17   O itinerário de um leitor – A tua letra é a minha voz   95

18   Da cura como uma escrita   99

19   Analisar uma criança graças a uma história   102

20   Retorno às origens da psicanálise infantil   106

21   Os nomes e a psicanálise na infância – Adendo da esperança   109

PARTE 4 – PSICANÁLISE INFANTIL APLICADA

22   Espiritualidade e psicanálise   115

23   A clínica na infância e o poder – Mãedicina   119

24   As metáforas na clínica – Faz Tudo, faz nada   124

25   Considerações sobre a técnica na psicanálise infantil   127

26   Psicanálise infantil e escola: representar é preciso   131

PARTE 5 – DEPOIS, A CLÍNICA ANTES DE TUDO

27 O tempo na psicanálise – Pois é, pois foi   137

28 Considerações sobre a interpretação   139

29 A longa clínica em breves relatos   142

30 Filosofia e psicanálise e infantil – De como a análise pode tornar uma criança menos muda   145

31 O espaço da abstinência na técnica da psicanálise com crianças   148

32 O uso do celular na psicanálise infantil   151

33 O trabalho árduo da simbolização   156

34 O combate à tirania e a arte de reinar por dentro   159

35 De quando o psicanalista da infância não brinca   162

36 O espaço da interpretação na clínica infantil – De quando a vida é um empate   165

37 Considerações sobre a contratransferência   168

38 A análise infantil como uma questão de liberdade   171

39 A clínica na infância como um negócio entre crianças   174

40 A capacidade de sacrifício do psicanalista da infância   178

Posfácio   181

Referências   185

PRA COMEÇO DE CONVERSA – A NOVA INFÂNCIA EXISTE?

> Os homens de letras penetraram na vida dos homens de tal maneira que se pode dizer que a sabedoria do poeta é mais importante do que essa do psicanalista.
>
> Serge Lebovici

Este é um "livro basicamente de relatos",[1] primeiro subtítulo dele, depois retirado para não encompridar o nome. Relatos de psicanálise da infância, com mais ficção do que teoria, embora esta esteja presente. Nem precisava o "embora".

A psicanálise, em sua origem e seus desdobramentos, vem sendo alimentada pela poesia e pela ficção. Pela arte, como na intenção do livro. Não que não tenha muita teoria por detrás ou antes – durante, inclusive –, mas a maior parte dela está envelopada pelo ficcional inevitável de um relato almejado. E, como na vida e na análise, toda metapsicologia surge

---

[1] Todos os relatos do livro, ainda que possam partir de uma situação "real", adentram a (des)ordem universal, variante condensada ou deslocada de outros atendimentos e, sobretudo, submetida aos recursos da ficção para chegar ao texto final que, invariavelmente, respeita a privacidade e a singularidade de todos os que vivem fora dele. A ideia ética do gênero "relatos fictícios" para a psicanálise (Bion, 1996) também se aplica aqui.

na sombra do que é contado para que aporte claramente só depois, como um romance conduzido pela ação. Essa metapsicologia, indispensável, é apenas um suporte, uma hipótese que viemos mantendo desde trabalhos anteriores. Títulos costumam ser assertivos, e aqui não é diferente. Afirmamos de chofre que há uma nova infância, o que será debatido nos desdobramentos, como costuma acontecer nos livros, na tentativa destes de cumprir o que prometeram. Ao fim e ao cabo, não cumprem, possibilitando a partida para um novo livro, para a vida que segue.

Já sabemos o quanto a representação (concepção ou aceitação) de uma infância é algo cultural e recente (Ariès, 1973). A criança – uma infância – é fruto de uma equação que inclui diversos aspectos como a biologia (parto, genética), a qualidade dos encontros afetivos (fantasmáticos incluídos) e as representações sociais ou culturais de sua época. E mais um tanto de mistério que torna até mesmo inadequado o termo "equação".[2] Mas, de fato, a partir dos relatos e das reflexões teóricas, lançamos a ideia de que já há invariantes[3] suficientes para supor a existência de uma nova infância, o que, historicamente, costuma estar presente em cada época.

O complemento "em análise" anuncia que haverá psicanálise da infância, junto à hipótese de que as invariantes contemporâneas já podem desenhar uma nova infância. Depois, haverá esforços constantes para renovar a pergunta, mesmo que não haja respostas. Entre as invariantes de uma nova infância, destacamos, ao longo de nossos relatos, a criança vivendo em um ambiente marcado pela pressa, pela pressão e pela exigência de *performance*, incluindo a mudança dos padrões do tempo, bem como a interferência das redes sociais, com as novas tecnologias. E, sobretudo, uma cultura banhada por um narcisismo continuado, exacerbado e além do necessário para constituir o sujeito, como no texto de Freud (1914/2004),

[2] Victor Guerra (2018, p. 145) enfatiza a importância atual, na clínica de crianças e adolescentes, de situar os sintomas no contexto de pelo menos três eixos polissêmicos e entrelaçados: 1) o constitucional, relacionado ao universo intrapsíquico; 2) a relação com os outros do meio subjetivante (perspectiva intrassubjetiva parental); e 3) uma expressão da cultura. Silvia Bleichmar (como citada em Rosenberg, 1994, p. 154) alerta sobre a importância de uma psicanálise de crianças equilibrada entre o "endogenismo" ou o intrapsíquico da própria criança e o "intersubjetivismo", referente às funções parentais.
[3] O sentido aqui atribuído a "invariantes" busca transcender seu termo denotativo, alcançando a noção de Ciccone (2020), a partir de Bion, quando ele se refere a elementos de um aspecto ainda não alcançado pela transformação. Interessa-nos esse sentido devido ao que ele guarda de esperança de vir a ser.

mote teórico glosado aqui tantas vezes. A propósito, a existência de filhos únicos também vem sendo frequente.

Evocamos, ainda, uma fase de latência que tende a ser encurtada, com menos recalcamento da bissexualidade em uma adolescência muitas vezes prolongada. E uma espécie de rarefação da figura paterna, desde famílias monoparentais de uma classe social desfavorecida a pais pouco presentes na mãe (Lacan, 1956/1995) no cotidiano de famílias mais abastadas.

Certa longevidade na profissão permite-nos sentir transformações em crianças que encontramos hoje, trinta anos depois do nosso começo: mais aditas às redes sociais (como os adultos, mas com repercussões peculiares no seu desenvolvimento), menos banhadas pela poesia, em decorrência de "menos outros" em suas vidas, e menos afeitas à prosa, como uma consequência. Traduzindo para uma linguagem analítica mais "técnica", com prejuízos na subjetivação, incluindo o aumento nos diagnósticos de um espectro autista.

Quase todas as invariantes apontam para efeitos psicológicos importantes – tema recorrente do livro –, como o enfraquecimento da capacidade poética e das funções narrativas necessárias para um melhor funcionamento mental. Assim, o título *A nova infância em análise* poderia ser substituído por *A nova análise da infância* se pensarmos mais na técnica, o que também evoca os relatos, dos quais resulta o objetivo da análise como resgaste dessas funções poéticas e narrativas, em um momento histórico menos propício a elas. Françoise Dolto (1988) chamou a atenção para o quanto, hoje, os pais se sentem obrigados a revisar os deveres de seus filhos à noite em vez de contar-lhes coisas, rir, brincar, dançar.

Avulta, naturalmente, a questão da existência ou não de uma técnica analítica mais específica, adaptando o foco aos novos tempos.[4] Uma nova infância exigiria uma nova análise, embora os relatos clínicos sugiram a permanência predominante de aspectos clássicos como a importância do encontro verdadeiro e, dentro dele, o resgate, por meio da transferência e da brincadeira, de pontos fundamentais (e falhos) das interações fundantes pais-bebês, incluindo o olhar e a prosódia. A todas essas, estar de olho na matriz de apoio do ambiente passa também a fazer parte de uma

---

[4] A questão de uma análise específica para a criança está presente nas suas origens (anafreudianas e kleinianas) e permanece no interesse das pesquisas de autores contemporâneos (Abu-Jamra, 2008).

nova análise infantil: "Esquecê-lo (o entorno) pode fazer fracassar este encontro" (Rosenberg, 1994, p. 16).

A infância, hoje, vive um paradoxo: por meio dos aportes da psicanálise do bebê e da psicologia do desenvolvimento, sabemos mais ainda sobre a importância decisiva do começo da vida, do ritmo e dos cuidados presenciais, com frequência terceirizados ou negligenciados na contemporaneidade.

Muitos de nossos textos contam essa clínica; outros enveredam para alguma sustentação dela, mas contando também. Aqui não há intenção de uma descrição completa do caso, o que, para além de aspectos éticos, almeja o mote de extrair sentidos possíveis para uma infância hoje.

A forma escolhida, um tanto literária, não parece gratuita e sim estar em sintonia comigo como autor, mas também como um leitor com frequência frustrado diante da dura escrita psicanalítica habitual. Além disso, esperamos que o estilo atenda ao sentido de utilizar histórias, algo que a psicanálise tanto preconiza na busca de seu método. Há, ainda, a pretensão assumida de que mostrar-me em pleno trabalho, ouvindo e contando, possa colaborar com a clínica dos outros. E o quanto precisei disso, quando comecei...

Outros capítulos são ficções quase puras. Trazem, no fim, a matéria (ficcional) que a psicanálise busca, desde o começo, amparada pela poesia. Alguns são pessoais, mas como não o seriam, se trabalhamos com a nossa própria pessoa? Às vezes, são sonhos, pessoais igualmente, mesmo quando reinventados, no processo secundário da vigília. Muitos são alheios, depois de depurados em conjunto até se tornarem meus. Ou nossos, a partir de agora. De certa forma, desenham um jeito (pessoal) de trabalhar. São relatos; trazem, portanto, na liberdade narrativa e na heterogeneidade, a sua essência.

O livro também é fruto de trabalhos anteriores, especialmente de uma obra recente que se chama *Mais relato, menos metapsicologia*,[5] mas agora contamos na prática o que tínhamos defendido ali em tese, ou seja, o nosso trabalho atual de psicanalista de crianças (e adultos) busca conhecer o drama e os fatos, de fora e de dentro.

A teoria que o permeia não pode ser usada em excesso, sob pena de apagar esses dramas (os fatos), e, sobretudo, não pode vir antes. Em nossa

---

[5] Editora Artes & Ecos, 2020.

experiência cotidiana, posto que sustentados pela teoria, são os relatos aprofundados e repetidos que permitem o acesso a uma liberdade interna diante de tramas e traumas que nos foram inconscientemente impostos a várias gerações – eis a hipótese cabal. Analisar uma criança trata-se, portanto, de uma (re)invenção permanente e evoca o processo amoroso da revisão de um amor, como nos versos de uma canção brasileira: "Esse amor sem preconceito/Sem saber o que é direito/Faz as suas próprias leis".[6]

São palavras que remetem a uma fala do filme *Matrix* (Wachowski & Wachowski, 1999), quando o protagonista ouve que caminhar é mais importante do que saber o caminho, conforme também as antológicas palavras de Antônio Machado (1982), com a ideia sentida de que o caminho em si não existe, pois se faz ao caminhar. Toda análise vive aqui um novo paradoxo: sob o enquadre de uma metapsicologia preexistente, constrói em seus passos as leis de sua própria metapsicologia, como os amantes da canção e o personagem do filme.

Contar (brincar) é o que no fundo torna a criança um sujeito e transforma o itinerário de uma vida; afugenta o mandato toxicamente transmitido e aproxima da identidade mais verdadeira, outra possível invariante de uma análise infantil contemporânea. Não é à toa que a expressão transgeracional ganha uma parte inteira da obra e está presente em vários capítulos, junto à importância (técnica) de incluir os pais na psicanálise de seus filhos, amparados na imagem do poeta: "As crianças são levadas/ pela mão de gente grande".[7]

O livro também conversa formalmente com os conteúdos de outro anterior, intitulado *Crônica dos afetos: a psicanálise no cotidiano*.[8] Assim o faz por meio de um estilo outra vez informal, ou seja, contando histórias e brincando seriamente. Mas, ainda que dele receba afetos "translivrais", tenta ir além do clima cotidiano de sua filiação ao propor mais do que ela, embora menos do que o ensaio. Estar sem gênero – vide epígrafe – pode ser uma de suas qualidades, com a retomada, sob a forma de relatos, de temas constantes de livros anteriores, como a necessidade de arte, literatura, parentalidade e narratividade para a psicanálise da infância hoje.

São as minhas imagens pessoais. Meus construtos. Nesse caso, Jorge Luis Borges devia ter razão ao dizer que reescrevemos sempre o mesmo

---

[6] Erasmo Carlos e Roberto Carlos, em *Amada amante* (1971).
[7] Versos de Erasmo Carlos, em *É preciso dar um jeito, meu amigo* (1971).
[8] Editora Artmed, 2016.

livro. No meu modesto caso, repete-se a busca do poético e do narrativo (do expressivo) em cada um dos relatos, com a esperança apontada para encontrar as palavras verdadeiras que expressem os sentimentos, ou seja, o cerne de uma psicanálise ontem e hoje.

Nem todos os textos tratam especificamente da infância,[9] mas ela aparece, de forma indireta ou implícita (reconstituída, atualizada), em cada um deles; daí a sua menção no título. Todos os relatos tendem a ser curtos, como forma de respeitar a sua essência e não a extrapolar com relatos de relatos, o que seria o tal exagero da metapsicologia, preconizado no livro anterior e aqui retomado.

Em meio às cinco partes encadeadas, há certa ordem na desordem dos capítulos, começando com a música (a prosódia) para chegar à narratividade, mas só depois de prestar contas ao transgeracional e à parentalidade,[10] como costumamos representar o trajeto do desenvolvimento emocional. Em torno de um fio maior, outros temas – o lúdico, o simbólico, etc. – agregam-se em busca de sua (des)ordem natural, com direito a uma espiada em outras áreas – a filosofia, por exemplo –, até desembarcarem na clínica, de onde, de certa forma e conteúdo, nunca tinham saído.

Na clínica em si, propomos vinhetas entre a poesia, a crônica e o conto, ou seja, entre o sonho e a ficção, de forma que o mesmo paciente – a mesma criança, por vezes, eu mesmo – ora se desdobra, ora se condensa, a serviço lúdico de imaginar a cena do que estamos pensando e sentindo.

O livro defende o espaço de uma escrita psicanalítica que possa ser ainda mais subjetiva e menos patrulhada por exigências acadêmicas que, infelizmente, contra a sua própria essência, vêm predominando nas publicações. Ao permitir um tempo maior para contar, almeja tornar-se mais substantivo e limita o espaço dessa introdução para que conte por si, necessidade fundamental em tempos tecnológicos de carência poética e narrativa. Por isso, a nova infância em análise, e não o contrário, já que, a partir dos frutos da minha própria experiência, uma infância deve ser vivida antes de qualquer análise.

O título também é pretensamente sugestivo e brinca com a utopia de saber o que fazemos quando fazemos psicanálise. No calor da hora clínica, dura pouco saber o que se faz, e, logo em seguida, voltamos a não

---

[9] A "cura" de todo adulto costuma resgatar uma criança mais capaz de sonhar e de brincar.
[10] "Só que vendo meu filho agora eu vejo/Ele é o espelho do espelho que sou eu", versos de João Nogueira (2012).

saber. No fundo, resta-nos contar os relatos possíveis entre a utopia e a esperança de vir a saber. Poder fazê-lo já seria a cura. Suportar não saber (Bion, 1962, 1970) é muito saudável, e um psicanalista, paradoxalmente, também precisa ser um mestre da ignorância, no sentido de suportá-la: "Mas dos confins entre finito/e infinito, e do espaço/que nos separa do báratro/nós não sabemos de nada".[11]

Este livro, entre a ciência e a arte, é também a tentativa de uma canção ao poético, ao relato e ao narrativo, que, para promoverem transformações, precisam estar ritmicamente em equilíbrio com a técnica e a teoria; caso contrário, não seria psicanálise, e muito menos a arte necessária para que ela venha a ser uma ciência respeitável. O livro traz ainda a pretensão de que o relato contenha em si a teoria: "toda a análise depende de uma narração, nunca de um sistema de saber".[12]

Portanto, era uma vez...

---

[11] Eugênio Montale (2000, p. 19), *Diário póstumo*, tradução de Ivo Barroso.
[12] Julia Kristeva (2002), p. 124.

PARTE 1

DA MÚSICA
À POESIA
DO COMEÇO

1
MÚSICA E PSICANÁLISE INFANTIL – AQUI SE CANTA, AQUI SE CURA

> Que artes temos para o extermínio
> e que ciência para extirpar lembranças!
>
> Pablo Neruda

Quando Adoniran Barbosa compôs *Saudosa maloca*, não deve ter pensando que ali estava mais do que uma canção social. Mas havia uma canção, logo uma arte aberta a infinitas interpretações que fazemos conforme a nossa própria necessidade, como preconizou Bruno Bettelheim (1976) para os contos de fada que tanto nos representam.

Agora, uma delas é sentir que Adoniran expressava o poder da arte em si, verdadeira metalinguagem na obra simples e substantiva do compositor paulista e universal.

Ouvir canções, quando somos bebês, é cavar espaços de saúde mental (Altmann, 1998; Konicheckis, 2005).

Somos feitos, afinal, das canções que ouvimos e que precederam as prosas que seguem refazendo nossas vidas.

Somos feitos da arte dos olhares, dos toques, da empatia e das artes em si.

Primeiro nos contam, depois somos capazes de contar, ou seja, adquirimos saúde para viver.

Uma cantiga de ninar nada deve a uma vacina, a uma mamada, a um complemento. Ela é o alicerce da nossa subjetividade, ou seja, tudo.

Ouvir canções ao longo da vida é continuar cavando esses espaços, trabalho interminável de apego e de escuta, essas saúdes.

A história de *Saudosa maloca* conta o despejo dos amigos Mato Grosso, Joca e, por meio do "eu lírico", do narrador-cantador da breve trama. Os três viram toda a tragédia, com os "homi" chegando "c´as ferramentas" que o "dono mandô derrubá" para erguer o "edifício arto" no lugar da "casa véia, palacete assombradado".

Logo vemos que há um estilo próprio em palavras para expressar-se, como requer uma análise ou uma canção. Achar esse estilo pode ser o ápice do que utopicamente costumamos chamar de cura, como o desatrelar-se das projeções indesejadas (narcísicas), estilos alheios dos pais nos filhos. Por isso, nas análises, estimulamos que as crianças brinquem do que desejam e do que lhes falta. E incluímos a fala dos pais com alguns desejos de que devem se libertar, nomeando ou cantando, no sentido figurado.

Cada criança brinca de forma própria, e poder fazê-lo é a sua maior saúde quando ela se torna um sujeito – e não um objeto – capaz de expor as suas fantasias. A cura é interpretada aqui como a liberdade relativa às expectativas e às necessidades dos pais, postas sem querer – é inconsciente – em seus (?) filhos desde antes de nascerem, como um piche difícil de tirar até que venha a canção. Ou a análise:

> Peguemos todas nossas coisas
> E fumos pro meio da rua
> Apreciá a demolição
> Que tristeza que nós sentia
> Cada táuba que caía
> Doía no coração.

Nessa hora dolorosa de violência social, mas também psicológica, decorrente da separação e do desamparo – sociais, porém igual e diversamente metafóricos da vida emocional de qualquer um –, o narrador maternalmente cantante conta-nos que interrompeu a tentativa de grito do Mato Grosso e deu razão aos "homis", verdadeiros proprietários do terreno invadido. Chegou a verbalizar a esperança de que encontrariam outra morada – "Nós arranja outro lugar" –, destino saudável de toda separação após o luto. No entanto, nada disso parece surtir efeito na tristeza pungente dos protagonistas, até que os versos seguintes os socorrem, como o ritmo de uma mãe ou as palavras de uma análise:

> Só se conformemo quando o Joca falou:
> Deus dá o frio conforme o cobertor.

Parece haver, nessas palavras, a chegada à beleza da metáfora para acolher os que padecem do sofrimento, objetivo de qualquer arte ou análise.

E não haveria como alcançar a essência incognoscível do corpo e da alma (análise), senão por meio das metáforas (Fédida, 1978).

A chegada à metáfora é um caminho pessoal, em oposição à "fixidez alienante da palavra do Outro",[1] e o sonho de consumo de toda análise ou arte. Depois de vivências duras e feias, surgem palavras belas e ternas, nas quais também é possível morar. E perguntar: "Estamos mesmo sozinhos?". Ou: "O que está por trás do cobertor que nos contém?".

A verdadeira salvação estaria além dos conteúdos, no ponto exato ou inexato da possibilidade de dizer: "É pela palavra, pela criação, que o ser humano chega a ultrapassar seu sentimento de impotência";[2] daí a importância de expressar o sentimento e, enfim, senti-lo, ou seja, conteúdo com forma (música), pensamento com afeto, os mesmos das cantigas de ninar que nos estruturaram desde o começo. Afinal, em meio a tanto sofrimento até então indizível, foi o suficiente para o Joca expressar-se:

> Uma palavra nova que nos possa salvar/e que nos mantenha estáveis/no confim ideal entre a realidade/e a fantasia, poderá ainda/que por pouco, mudar nossa existência.[3]

---

[1] Flesler, 2012, p. 31.
[2] Dolto, 1988, p. 133.
[3] Versos de Eugenio Montale (2000, p. 141), tradução de Ivo Barroso.

Do dizível ao indizível, do silêncio ruidoso à canção melódica, eis a trajetória universal de qualquer arte, infância ou análise. E deu suficientemente certo, a ponto de os personagens conseguirem contar a própria história, no aqui e agora da canção, sempre disponível para depois, como uma memória individual ou um patrimônio coletivo, e até cantá-la, recuperando os primórdios dos "dias felizes" (Freud, 1909/1996c), quando uma mãe ou cuidadora deve ter cantado para eles, gerando as raízes do que dizem agora:

> E hoje nós pega páia nas gramas do jardim
> E prá esquecê, nós cantemos assim:
> Saudosa maloca, maloca querida
> Dim-dim donde nós passemos os dias feliz de
> Nossa vida.

Dizer. Falar. Recordar. Recordar até dizer, "porque quem está firmado na palavra resiste".[4] Dizer até elaborar, recuperando a força das primeiras melodias, alicerce dessas palavras que as sucedem. É o que nos faz viver e não morrer antes da hora ou repetindo atitudes como alguém incapaz de contar o que viveu.

Uma análise, às vezes, é tão somente a repetição, ao longo dos dias, de um conteúdo narrado ou sussurrado no primeiro encontro. Uma arte, a cura possível, com direito ao encontro de palavras realmente sentidas na mais sólida e verdadeira morada de uma tristeza. A chegada ao símbolo, este, sim, uma nova alegria.

Como uma literatura em plena vida, a linguagem interativa da psicanálise oferece-nos essa possibilidade e esperança.

---

[4] Carlos Nejar como citado em Jablonski, 2020, p. 35.

2
MELODIA E VÍNCULO NA PSICANÁLISE DA INFÂNCIA

> Baudelaire, Macalé, Luiz Melodia
> Quanta maldição!
> O meu coração não quer dinheiro, quer melodia!
>
> Zeca Baleiro

Mãe e pai choram copiosamente na despedida de um filho, depois acompanham a sua viagem em tempo real. Amante se gruda em amante, ou vice-versa, como na simbiose mahleriana mãe-bebê. Um quase não deixa o outro ir ao banheiro, como no grude necessário dos começos. Amor romântico? Ideal? Idílio? O amor responde?

Para Mario Quintana e Sigmund Freud, todas as histórias são de amor, mas nem a poesia de um nem a prosa do outro deram mais detalhes. Sempre haverá lacunas na arte e na psicanálise, pois estão na vida (Roth como citado em Pierpont, 2015).

Em Quintana, o amor, às vezes, é a lembrança da mão venosa de um pai. Lembranças encobridoras (Freud, 1899/1996b). Ali, sim, ele vem. Ou uma boneca da infância. Ali, sim, ele volta. Para o mesmo Freud, amar é gostar do outro como ele é. Longe de uma expectativa, nasceria ali e, sobretudo, continuaria, depois de um longo e interminável processo de construção de um vínculo.

Quintana se alimentava de outros poetas: um Verlaine, um Rimbaud, um Antônio Nobre. Freud, também: um Goethe, um Schnitzler, um Shakespeare. Achava que os artistas tinham desembarcado antes do que ele no inconsciente, seu carro-chefe. E tinham: "Tive amiúde longas conversas com Freud sobre os requisitos e a educação do analista. Estávamos de acordo que uma educação médica era inadequada para a profissão de analista. No curso de um diálogo, Freud assinalou que poetas como Shakespeare, Goethe, Dostoiévski e filósofos como Platão, Schopenhauer e Nietzsche haviam se aproximado mais das verdades fundamentais da psicanálise do que os médicos...".[1]

Em *Yolanda*, Chico Buarque desembarca antes, de tanto que expressa sem responder, como nas melhores artes e psicanálises. Ele reconhece que os amores, tal qual as gestações e os nascimentos, chegam de forma tão caudalosa que já não procuram a justa forma. Depois de dizer "te amo" para a pessoa amada – e "eternamente te amo" –, Chico solta a bomba nos ideais – arte e análise duelam com eles –, defendendo a capacidade de levar o outro por dentro: "Se me faltares, nem por isso eu morro".

Uma saúde mental se desenvolve em torno de tal possibilidade. Mas é também poesia, e, como a vida, o poeta pode ter ativado a própria bomba um verso depois: "Se é pra morrer, quero morrer contigo".

Tarde demais: a essa altura, já confessou que é possível sobreviver a uma ausência, essa saúde. Parece, então, que, segundo ele, há vida após o luto: "Minha solidão se sente acompanhada/Por isso às vezes sei que necessito". Demanda de companhia, reconhecimento de uma falta, mas só às vezes. E já é possível amar sem chorar copiosamente na despedida de um filho. Pelo contrário, sorrir e até gargalhar – por dentro, onde a saúde mental se decide – da alegria de vê-lo partir para a sua própria vida, conseqüência maior de um amor (Freud, 1914a) ou de uma análise. E, mais tarde ou mais longe de ser um filho, não convém grudar no amante ou estar o

---

[1] Theodor Reik em *Trinta anos com Freud*, p. 67-68 como citado em Paulo Hecker Filho, *Uma volta a Freud*, artigo inédito.

tempo inteiro junto a ele depois que já não se é mais bebê e se atingiu a individuação, essa outra saúde.

O amor é só às vezes e, na pior das hipóteses, às vezes é que necessita. Utopia? A poesia e a psicanálise transitam nas utopias de, libertando-se da influência, deixarem ser quem se é. Saber juntar-se. Saber separar-se. Simbiótico e transicional: "O verdadeiro elemento transicional para a criança são as palavras..." (Dolto, 2018, p. 78).

Chico é um bom artista, desses mais cautelosos com as noções do que Freud. E, livre, polissêmico, cuida para não responder. E bagunça ou amplia, do jeito que Freud prezava ou, em meio a tantas noções, invejava. Ao completar o objeto literal e figurado da necessidade, o poeta não hesita: "Teu colo, teu colo/Eternamente teu colo".

O amor reencontra Quintana, que reencontra as mãos venosas do pai como uma menina reencontra o amor em sua boneca. Ou, por meio de um apego seguro (Bowlby, 1990), reencontramos o colo materno nos colos seguintes, nos quais revivemos nossos núcleos rítmicos primordiais (Honigsztejn, 1990). Toda ida, afinal, é uma volta. Poder ir e voltar, poder voltar e relançar-se podem ser a essência de ser saudável: "Como fazer um retorno com tantas partidas,/Mil pássaros que fogem não fazem um que pousa".[2]

Não seria este o quinhão possível de saúde, o qual temos o direito de experimentar e o dever de tentar transmitir? *Yolanda*, de fato, é uma versão de Chico para a canção original de Pablo Milanés, endereçada à sua amada quando ele estava ausente, cantando. E, com o marido por dentro, aparentemente sozinha, ela dava à luz a primeira filha do casal. Pouco importa. O amor só toma emprestado. E, sob a forma de poesia ou de análise, nos casos mais felizes, costuma devolver.

---

[2] Jules Supervielle como citado em Blanchot, 2010, p. 52.

3
DE COMO AVALIAR UM NARCISISMO

> Volver a los diecisiete
> Después de vivir un siglo
> Es como descifrar signos
> Sin ser sabio competente.
>
> Mercedes Sosa

Foi uma avaliação que durou três anos e meio. Três anos e meio ou, mais precisamente, três anos e sete meses. Às vezes, ele zoava disso. Em outras, irritava-se. Em outras, trazia-o como exemplo da prova cabal de minha incompetência diante de um caso tão difícil e especial como o dele. Para mim, assistíamos ao aparente triunfo e à real derrota que ali se repetiam como as coisas se repetem na vida e na análise antes de serem ouvidas, nomeadas, compreendidas.

Chamei de avaliação desde o princípio e, firme como um kernberiano para situações como aquela, só o aceitei por causa do Winnicott, desafiado a tomar um caso que me fez sentir tão mal, desde o primeiro encontro. Nesse caso, mesmo que nada pudesse ser feito, haveria muito a aprender com ele. Eu, afinal, reencontrava no alheio os meus próprios núcleos narcisistas, fogos apequenados pelo tempo, mas sempre prestes a retomarem alguma força.

Por mais que compreendesse os seus altos teores de narcisismo falho no quanto não me olhava, no quanto resgatava os meus não olhares primevos e provocava algumas de minhas próprias repetições, na maior parte do tempo, eu ignorava. E sofria, com uma sensação estranha de não poder sofrer. E, sentindo e não sentindo, pensei desde o começo: como poderia chamar de análise o que ainda não era um encontro?

Uma análise significaria que ele tivesse escolhido e não estivesse ali porque parte da mãe o tivesse forçado, em um raro melhor momento, jogando-o como uma alface ao canto de um caminhão. De passagem, entre a sala de atendimento das crianças e a de adultos, ele, que não era nem um nem outro, sempre olhava o caminhão de madeira sobre a caixa do lego. E, como quando uma lente aprofunda o olhar entre humanos, havia ali uma guerra de faltas e vaidades, um confronto de egos partidos, um engavetamento de buracos e desamparos, com a única diferença de que um de nós desconfiava de que sabia o que estava se passando, enquanto o outro sequer sabia que poderia desconfiar também.

Sentava-se de lado. Não me olhava. Não se olhava, quando se olhava. Cumprimentava com mãos frouxas (de alface), na entrada e na saída. Fazia, durante a sessão, uma *performance* de silêncios e barulhos que me provocava alguma tristeza e muito tédio. Não raro, grunhia como um bebê ou bebia como quem mamasse a água que sempre pedia, mas se enganaria quem o considerasse apenas espectador. Não havia plateia. Havia ele e ele (?), ego e ego (?), lacunas e buracos, vazio e vazio, ninguém e ninguém. Então, chamei de avaliação e continuei chamando quando vieram os primeiros conteúdos mais dizíveis, como um pai que não conheceu e uma mãe que fazia dele o seu consolo. Eu não sabia se o queria, embora achasse saber que pouco o quiseram até então. Talvez, se eu passasse a querê-lo, a análise chegaria ao seu ápice.

Perdido na prática, movia-me, além de certa teoria winnicottiana, a esperança movida pela água (leite?), aquela (aquele) que sempre pedia.

Lembrando-me do título de um livro, *Salvos por um mergulho*,[1] história verídica de um casal que só não foi abocanhado pelo tsunami, na Tailândia, porque estava mergulhando longe dali, eu era, com frequência, acometido pela frase "salvos por um copo d'água" até que ele me tirasse secamente de meu devaneio:

– Não é análise ainda? – perguntava, não olhando.
– Estamos avaliando – eu repetia a resposta, olhando, entre procrastinar e tentar sobreviver.

Ele bufava, o que eu sentia como um bom sinal: desejava analisar-se – para Etchegoyen (1987), o requisito mais importante. Cheguei a ponderar que eu estivesse devolvendo, contratransferencialmente, a violência que transferencialmente ele me jogava, ao léu do automático interpretativo (Aulagnier, 1979). Achei que não, ou pelo menos não mais do que vindo de uma parte cindida, vazia, concreta, dentro de mim, trazida por ele. Eu achava que simbolizava, que estava sendo criativo. Eu também contava com o meu narcisismo, mas a serviço de nós, narcisismo trabalhado pelo tempo e seus (des)encontros. Eu mantinha a avaliação com o seu devido nome, ancorado na transitoriedade, e assim o fiz por largo tempo.

Três anos e sete meses se passaram até o dia em que, olho no olho, contou-me que o encontro com aquela mulher de quem vinha falando chegava a um mês de duração. Ele sentia algo diferente por alguém, pela primeira vez. Chamava de falta o que sentia, embora se sentisse meio preenchido.

Senti, ali, o resgate de um momento quase imperceptível de uma mãe e de uma mamada que ele tivera, em algum dia dos primórdios, e que, agora, a vida e a análise também repetiam. Mas, de fato, repetir uma presença pode ser mais difícil do que a ausência. E são justamente certas repetições que nos fazem capazes de devolver o que outrora houve de melhor.

Não era raro que o olhar de minha mãe me visitasse naqueles encontros, depois de tantas visitas de sua ausência, dentro e fora da sala. A música me acudia, com versos de Roberto e Erasmo: "Sofro com sua ausência/ Mas sua imagem trago sempre junto a mim, em mim".[2] Então, lasquei, perto da avançada sessão 94:

---

[1] Dubeux, 2008.
[2] *Nosso amor*, poema inédito, do autor.

– Considero encerrada a avaliação, e, se quiseres, podemos começar a análise.
– Chamar de análise? – perguntou, pego de surpresa.

Ele então sorriu, o que era raro. Era um jogo, de algum poder como sempre, um certo jeito de falar, não uma treta, mas um caminho simbólico, meio tramado, meio intuitivo, com ironia também, que o fez não disfarçar um olhar direto e do mais puro contentamento, compartido, a dois. Depois, fez aquele muxoxo de quem ainda se sentia superior ao outro, mas, olhando-me nos olhos, aceitou. E, à saída, ofereceu pela primeira vez o novo cumprimento, apertando a mão sem consistência de alface: mão na mão, carne na carne, atraindo a alma da poesia, essa saúde:

> Ele faz o mundo parar por ele
> como se tivesse de
> parar por ele
> e pudesse
> parar
> por
> ele
> então o mundo se irrita muito
> que nada irrita mais o mundo
> que precisar parar para alguém,
> mas talvez ele precise mesmo
> que o mundo
> pare
> para ele continuar no mundo
> que depois
> de durante
> o nascimento
> não para para mais ninguém.[3]

---

[3] *Poema clínico*, do autor, inédito.

4
POR UMA
PSICANÁLISE DE BEBÊS

> Às vezes é solitário viver.
>
> Caetano Veloso

O Antônio, um adulto bastante jovem, contava o quanto a mãe havia distorcido o relato dele, dando a entender que ele não tinha se cuidado e que aquilo era sempre assim, com abusos de bebida e noites mal dormidas, mas afirmava que agora era bem diferente e que já não era assim, o que conseguiu dizer para a mãe.

Ali eu o interrompi para dizer que era e não era bem assim, já que ele não vinha mais correspondendo à expectativa da mãe, pois estava sendo mais ele mesmo, alguém com menos abusos, com mais descansos e mais próximo dos seus desejos, nas esferas maiores de uma vida, como o trabalho, o amor e o que ele mais quisesse, justo o que procurávamos. Por outro lado, como explicar que, às vezes – e não naquela vez –, ele correspondia a uma necessidade inconsciente da mãe e que essa necessidade já nos parecia tão estranha à idade e à consciência dele.

Freud (1914/2004) tentou explicar, por meio da noção dos desvãos de um narcisismo, o quanto bebês, crianças e adultos lutam para livrar-se do fardo que lhes desaba desde o começo da vida, que é atender a certas necessidades pouco historiadas de seus pais. Autores da dita psicanálise do bebê aprofundaram tais noções com teoria e, sobretudo, clínica. Entre eles, incluem-se Lebovici (2000), Brazelton (1988) e Cramer e Palacio-Espasa (1993), ao mostrarem que, já no primeiro ano de vida, um sintoma tenta contar a história ou o drama de uma identificação resultante da projeção pesada e patológica de uma mãe (um pai, um avô, e assim para trás) em seu filho (Faimberg, 2001): "Não uso o desespero porque não é meu/ele apenas foi confiado à minha guarda" (Szymborska, 2020, p. 61).

Por isso, propuseram consultas precoces e mostraram com galhardia o quanto mostrar repetidamente a uma mãe – e a um pai – a sua angústia ainda não elaborada pode ser capaz de livrar o bebê de seu sintoma e deixá-lo livre para contar a sua própria história; no mínimo, livre para, mais tarde, poder se analisar: "Minha experiência, proveniente do atendimento de adolescentes ou adultos que passaram por uma análise na infância, me faz presumir que, de uma análise nos tempos da infância, resulta uma posição diferente do sujeito, especificamente em relação ao saber como falta. Seus ganhos mais evidentes são a disposição do sujeito para a análise..." (Flesler, 2012, p. 214).

Se, nesse mais tarde, as consultas já não são conjuntas e os adultos costumam chegar sozinhos, as reflexões podem valer também para eles. Assim, é possível pensar que há rastros de um bebê e de uma mãe naqueles que nos procuram, e é preciso deixar essa mãe no adulto falar. E o bebê no adulto chorar, com a estranha disposição de pensar que agora é e não é agora.

No meu caso peculiar – e, em psicanálise, todos os casos o são –, uma boa medida para considerar se estamos nos expandindo – e estávamos – é a possibilidade de a prosa reencontrar a poesia. Sempre que a reencontro, desconfio de que estamos no caminho verdadeiro. E, como um bom sinal, as prosas de Antônio encontravam no seu analista alguma poesia: "Vemos, então, que a experiência estética como a experiência psicanalítica implicam a possibilidade de experimentar uma verdade" (Goldstein, 2019, p. 39):

> Desejas partir
> Fazer parte
> Deste todo
> De arte e vida
> E, como a vida
> É perto da morte,
> O que posso fazer
> De mais liberto e vivo
> É não frear-te, minha filha.[1]

Poemas são palavras livres para dançar, mas, em meio ao seu ritmo frenético, como o das análises, ajudam-nos a entender o que as circunda e é maior do que elas. Afinal, também queremos sair mais dançantes, por fora e por dentro, de um encontro analítico. Ali entendi por que, enquanto escutava Antônio, não era rara a aparição da imagem de minha filha pleiteando liberdades, bem como poemas sobre o tema:

> Uma vez achou nas moitas uma gaiola de pombo.
> Levou-a consigo
> e a guarda
> para que permaneça vazia.[2]

---

[1] *Poema da filha* do autor, inédito
[2] Szymborska, 2020, p. 321.

5
ÉDIPO E LATÊNCIA: FICÇÕES OU REALIDADE NA CLÍNICA DA CRIANÇA?

> ...comprovadamente existe mais compreensão da questão do homem em Homero, Shakespeare ou Dostoiévski do que em toda a neurologia e a estatística.
>
> George Steiner

Ou se tem chuva e não se tem sol,
ou se tem sol e não se tem chuva!

Ou se calça a luva e não se põe o anel,
ou se põe o anel e não se calça a luva!

Quem sobe nos ares não fica no chão,
quem fica no chão não sobe nos ares.

É uma grande pena que não se possa
estar ao mesmo tempo nos dois lugares!
Ou guardo o dinheiro e não compro o doce,
ou compro o doce e gasto o dinheiro.

Ou isto ou aquilo: ou isto ou aquilo...
e vivo escolhendo o dia inteiro!

Não sei se brinco, não sei se estudo,
se saio correndo ou fico tranquilo.

Mas não consegui entender ainda
qual é melhor: se é isto ou aquilo.[1]

Para responder à pergunta do título deste capítulo, na falta de outros filósofos que me socorressem, recorri ao Freud da latência, ao Winnicott do ambiente e ao Lacan do desejo. Nietzsche, mandando eu ser eu mesmo, chegou a esboçar alguma ajuda. Mas quem me socorreu de fato, sugerindo ritmos redentores, foi a poeta-analista Cecília Meireles.

É porque vem sendo dito, com propriedade, que o período de latência está estreitado ou mesmo ausente na cultura contemporânea, pelo menos em suas manifestações emocionais, assim como haveria pouca histeria ou casos em que Édipo daria as cartas de um desenvolvimento psíquico, logo, de uma análise.

De fato, as culturas e a psicanálise, movida por estas, estão em movimento. Eu também o venho dizendo, porque, volta e meia, topo com meninas e meninos já bastante sexualizados na dita idade da latência. E não que ela não seja sexualizada, sutil ou escancaradamente. Mas também encontro adultos e adultas bem mais às voltas com um vazio precoce no qual nem deu tempo de fazer uma configuração histérica ou uma típica triangulação digna de Édipo. A questão é que não é sempre. E, volta e meia, voltam-nos os versos do Belchior: "Ainda somos os mesmos/ E vivemos/Como nossos pais".[2]

---

[1] *Ou isto ou aquilo*, poema de Cecília Meireles (1990, p. 75).
[2] *Como nossos pais*, canção de Belchior (1976).

Dia desses, por exemplo, depois de receber uma menina que me contava sobre uma noite de balada um tanto incompatível com os seus 12 anos, desde as roupas que usava – saia curta, no frio, à espera de uma fila demorada – ao número de meninos e meninas que tinha beijado, deparei-me com o contraste de um menino de mesma idade apresentando uma série de dificuldades esparsas que confluíam para complicações no sono. Como as de um bebê.

Era o que ele punha em cena, como costuma acontecer em uma análise de crianças que consegue acontecer. A cena era bonita e até pungente, pois, no nosso teatro, ele interpretava paradoxalmente um menino identificado com uma parte dele mesmo e condenado a um sono eterno, sem despertar possível. O rumo era ótimo, com ele capaz de encontrar um espaço menos neurótico, menos projetivo, menos ressentido.[3] Com ele dizendo, pondo em cena, o máximo almejado a que podemos chegar em uma análise de crianças. Ou adultos, de certa forma – de outra forma.

Eu, no meu papel, era um agente da SWAT, a polícia inglesa, agora com bases no Brasil, encarregado de solucionar casos de meninos com dificuldades sérias para dormir. O detetive ia fazendo as suas tentativas erráticas, como utilizar um pequeno aparelho interruptor de sonos prolongados – na realidade, um pedaço de lego que fazia cócegas no dedão do pé do menino.

Ele ria, talvez menos pela cócega do que pelo prazer de tentar ser compreendido (Arendt como citada em Kristeva, 2002) ou, pelo menos, voltar a interessar-se por si mesmo (Diatkine, 1994). A técnica ia ganhando nuanças abertas e promissoras, como mudar o dedo de acesso, já que nada estava funcionando, conforme costuma acontecer com os sintomas antes do paliativo de alguma medicação ou, mais efetivo, de muita análise.

Lá pelas tantas, esquecido de um bebê insone original, associei comigo mesmo, mas também com ele, que ali poderia estar a variante de um Belo Adormecido. Foi quando o agente da SWAT teve a infeliz ideia de chamar uma princesa – uma pequena boneca da casinha mais frequentada por meninas – que chegaria para despertá-lo com um beijo. Atento à cena e sem despertar, possivelmente porque precisasse continuar elaborando aquelas angústias primordiais de morte e de vida, ele deixou claro que a

---

[3] "Ressentir-se significa atribuir ao outro a responsabilidade pelo que nos faz sofrer" (Kehl, 2020, p. 9).

minha ideia havia sido inoportuna, mesmo que o beijo se limitasse a um dos ombros, como a canção que eu cantava.

A cena foi interrompida a cinco minutos do final da consulta, porque precisávamos, conforme o enquadre, arrumar a sala. Ele a arrumou do seu jeito, meio sim, meio não, mas deixou claro que não guardaria e sequer tocaria na boneca princesa que havia ousado pensar em despertá-lo com um beijo. Se, em outras arrumações, ele enrolava enchendo linguiça, a sua fala agora preenchia, com firmeza, fortes necessidades.

Entre suposições sobre estarmos sob os auspícios da negativa de Freud (1925/1996i), os fatos me fizeram pensar que ali preponderavam uma latência bem clássica e a necessidade de pensar que nem tudo nem todos mudaram ao longo de um tempo que havia construído o meu ponto cego. Interessante, porque, na consulta seguinte, um pequeno Édipo chegou pontualmente, e, na seguinte da seguinte, a palavra histeria esteve presente com um homem adulto.

A infância, hoje, é múltipla, e qualquer tentativa de sistematização pode estar fadada ao fracasso. Se, por um lado, mudamos muito em nossas configurações sociais e mentais, por outro, como disse há pouco o analista-compositor Belchior, ainda somos os mesmos. A diferença entre meninas e meninos, por exemplo, modificou-se, e ambos andam mais imbricados. Mas, um dia, depois de um menino contar-me que não dormiu direito porque estava matando à porrada um exército inteiro, uma menina descreveu o sonho no qual conversava com a amiga em um quintal com cheiro de lavanda. Como nossos pais e nossas mães.

Diferentes espaços culturais convivem no mesmo tempo, bem como diferentes tempos convivem no esparso local do inconsciente. Somos, a um só tempo, isto e aquilo, como expressou Cecília, essa analista-poeta sepultada há tantos anos, mas que, no calor da nossa clínica, não conseguiu morrer.

PARTE 2

DO TRANSGERACIONAL À PARENTALIDADE

6
OS IMPACTOS DA CULTURA CONTEMPORÂNEA SOBRE SER PAI E SER MÃE

> quando a criança reconhece que os signos verbais têm significado, ela vive um momento único, pois é <u>a maior descoberta de sua vida</u>.[1]
>
> Vygotsky[2]

Ao pensar nos impactos da cultura contemporânea sobre ser pai e ser mãe, começo tentando na prática pensar-me como pai. E logo termino. É tão próximo e ardente que sinto a necessidade de certa mediação para continuar.

---

[1] Em destaque no original.
[2] Como citado em Matthew Lipman. 2010.

Então, o trabalho de psicanalista me media e conta uma vinheta, alheia e próxima a mim. Roger tem 10 anos e o diagnóstico psiquiátrico de transtorno de oposição desafiante. Rótulo? Etiqueta? A medicação pouco fez por ele; a terapia cognitivo-comportamental, tampouco. Assim, os pais resolveram "tentar um psicanalista". Chegaram com alguma esperança, porque a pediatra que os encaminhou dissera que eu sou um contador de histórias.

Antes de ver Roger pela primeira vez, senti-me encharcado da cultura contemporânea, especialmente na área da saúde mental. Do que ela tem de pior, que é exagerar a importância dos diagnósticos e o poder das medicações. E de melhor, que é valorizar a sensibilidade de resgatar a capacidade que eu teria de contar histórias. De fato, somos frutos de histórias, e a nossa saúde mental pode ser avaliada pelo quanto sabemos e sentimos delas. Pelo quanto podemos circular por elas, como quem pode estar em todas as peças da própria casa, incluindo as narrativas mais assustadoras de sótão e porão.[3]

Se eu puder exercer tal capacidade com ele, haverá de ser útil (e doce), pois pais e filho tiveram a de compreender, na contramão da cultura, que diagnósticos e remédios nem sempre são eficazes em longo prazo. Abafam o rugido do dragão, mas o dragão, se não reconhecido, é persistente e reaparece em qualquer brecha. Com frequência, trocam-se seis por meia dúzia. A nova infância precisa brincar e narrar. Brincar e narrar não mata o dragão, mas pode, nos melhores casos, colaborar para conviver com ele. E, não raro, brincar com ele. Ou viver, apesar dele. É o que a casa da análise oferece. E não é pouco.

É bem aqui que a psicanálise ainda encontra o seu lugar sagrado. Roger é adito ao computador, como tantos colegas de sua classe. Passa muitas horas do dia teclando, inclusive à noite, até bem tarde, adormecendo de madrugada e acordando pouco tempo depois para ir à escola, onde enfrenta problemas na aprendizagem: o diagnóstico de transtorno de déficit de atenção/hiperatividade (TDAH) também havia sido aventado. Ele busca alívio e companhia no computador? Procura histórias?

---

[3] A metáfora de uma casa cujas peças vão sendo fechadas pela neurose e reabertas pela análise chegou a mim pelo psicanalista Gley Costa, que a atribuiu a Christopher Bollas. A meu pedido, Gley vasculhou a obra de Bollas em busca da referência e não a encontrou. Concluiu que a metáfora era dele mesmo, concedendo-me essa história lúdica que me parece apropriado para um livro de psicanálise da infância.

Em torno desse computador, é onde Roger, menino típico de seu tempo, mais se opõe diante de (ou a) quem está perto. Com os pais, trava verdadeiras batalhas verbais e corporais à noite, na hora de dormir. Também para mim não é fácil atendê-lo. Estar com ele, suportar os seus silêncios longe do computador. As suas raras intervenções, sempre sarcásticas, conseguem às vezes aliviar a angústia compartida. A título de exemplo: – Em torno de mim, todos são velhos! Referia-se aos dois irmãos, com cinco e dez anos a mais, respectivamente. Ao pai sessentão e à mãe cinquentona. E ao seu analista, sensível a histórias de acordo com os pais, mas velho também para ele. Os amigos têm pais "em média dez anos mais novos e se tratam com mulheres jovens e gostosas".

"Nada contra ti", emenda, e ali já estou bendizendo o comentário, menos por um princípio do tema da sexualidade de um menino de 10 anos do que por um final bem-humorado em meio aos habituais silêncios sem graça. Difíceis e pungentes são os silêncios dessa análise. Podem estar amplificados pelo som de um dedão teclando, já que o celular foi inevitavelmente introduzido, com alguns limites. Eles sempre me remeteram a um vazio que sempre me remeteu a uma gravidez não planejada e pouco desejada – os pais, já com dois filhos, tinham outros planos à época – e a uma depressão materna pós-parto em um começo de vida com silêncios e barulhos aquém e além das necessidades do filho. É a sua história triste que me conto – ele ainda não o sente de forma direta nem o sabe com suficiente consciência – em meio a silêncios profundos e que me faz ter esperança, pois começamos a contar juntos também.

Avançamos nisso, pelo menos no aqui e agora. Um dia, ele me pediu para utilizar o computador, e eu deixei. Ele fica na sala de jogos, pois eu o uso como mediador com certa frequência, mas raramente em casos como o de Roger. Utilizá-lo com ele soava como oferecer alguma maconha para usuários crônicos de maconha ou tomar um *drink* com abusadores de álcool pensando em algo como uma redução de danos. Mas eu já não pensava assim quando passamos a utilizar o computador. Eu pensava em aprofundar o meu contato com Roger e sentia a necessidade de lidar com um silêncio insuportável. Para mim, com certeza; para ele, talvez. Tínhamos um momento reservado para o uso, e a vinheta prometida conta parte de uma sessão ocorrida após dois anos de tratamento.

Roger me mostrava os "mangás" de *Starwars* e contava alguma história sobre eles. Aquilo era a cara de sua evolução e estampava um computador incomparavelmente superior a outras drogas, no sentido de se prestar para o incremento do contato, um mediador para a expansão do encontro e para o destino esperado em casos assim: a capacidade de narrar.

Ele contava, eu ouvia; eu comentava, ele rebatia; e o fato de o diálogo não constar mais em minha memória – estou narrando bem depois – me faz pensar que o mais importante não era o seu conteúdo, e sim a sua existência. O computador e a internet eram verdadeiros objetos culturais utilizados a nosso favor. Estávamos, agora, ao lado da cultura – ou ela de nós.

Lá pelas tantas, Roger começou a digitar indiscriminadamente. O Google antecipava algumas imagens, capas de *sites*, páginas inesperadas que pouco duravam porque logo vinham outras a partir do movimento frenético de seus dedos curtos. Pela velocidade dos movimentos (certamente) e talvez por eu estar ao lado, em um ângulo não muito cômodo de visão, tive um princípio de dor de cabeça. Por achar que vinha do encontro e na tentativa de aplacá-la com palavras, perguntei a ele o que estava fazendo. Roger respondeu: – Não sei. Não sei agora o que eu quero nem o que estou pensando.

Então, eu disse que talvez ali estivesse o bem e o mal do computador. Ele achou estranho que alguma coisa pudesse ser má e boa ao mesmo tempo. Eu não achei que ele o achasse, já que não era assim nos *games*, pouco afeitos à subjetividade de um paradoxo, como se fosse possível exterminar uma ambiguidade. Mas era assim nas histórias fora do computador, e expliquei que o bom era poder aliviá-lo de tais momentos nos quais não podia pensar nem se aproximar do que queria, mas o mau vinha depois, como uma droga, tentando aliviar sem ser efetiva e, por isso, precisando ser consumida indefinidamente até provocar os estragos.

Roger achou meio complicada aquela história, mas, depois de pensar um pouco, olhando ainda para o computador, ele concordou. E virou mote para outras vinhetas parecidas, nas quais ele interrompia movimentos frenéticos de teclar e começava a pensar sobre o que queria ou o que lhe faltava, quando os dedos e o entorno se quedavam quietos.

Ao pensar na cultura contemporânea, inundada de virtualidade, logo penso no quanto encontros e histórias, ainda que em torno de novas tecnologias, podem ajudar na amplidão de seus impactos. Tenho optado por não rechaçar nem abraçar possibilidades, uma posição um tanto indefinida ou ambígua, embora me esforce para continuar pensando e sentindo, uma posição de sentido, em psicanálise.

Penso que Roger avançou, nem que um pouco. Sinto que os pais têm mais dúvidas. Dia desses, voltaram a insistir na medicação. O embate entre sustar ou estimular uma história continua, e volta e meia a cultura, em seu pior, vem derrubar nossos frágeis castelos diante do que estamos concebendo como uma possível nova infância. Por outro lado, eu continuo ali, ajudando a reerguê-los a partir do "contador de histórias" a que ainda recorrem e a que todas as velhas infâncias recorreram.

# 7
O TRANSGERACIONAL NAS SESSÕES – NARRAR OU NÃO NARRAR

> A voz de um Brasil distante
> Que tanto diz quanto cala.
>
> Maria Bethânia

Hoje pensei no tema da narratividade e tive novamente o desejo de evocar a história de meus dois avôs, em sua interação comigo, especialmente durante a infância. Ela também se repete nos meus pensamentos de adulto. A história é que fui muito próximo de ambos, verdadeiros antípodas. Um era religioso; o outro, antirreligioso. Um era falante; o outro, silencioso. Um narrava muito; o outro, não, embora silêncios, às vezes, narrem mais ainda.

O avô falante contava histórias fantásticas e mirabolantes sobre a sua vida, no gueto da Bielorrússia. Havia lobos verdes nos crepúsculos róseos, e levei muito tempo para entender que se tratava de uma fabulação saudável. A invenção de meu avô me preenchia e me inventava. Eu também ia sendo aos poucos o que ele me contava, e, hoje ainda, as suas histórias coloridas me consolam dos momentos mais grises. De certa forma, com seus conteúdos maravilhosos, elas são o envelope pré-narrativo (Stern, 1993) da minha escrita e da minha análise. A minha saúde.

O avô polonês não contava, e aqueles silêncios faziam parte, igualmente e de forma diversa, da minha construção. Como quem, calando, narrasse ao contrário e mais ainda. Apesar de um tanto doentios (doídos, melhor dito), eu acho que os seus silêncios me ensinaram a conviver com o que ainda não podemos dizer, o que, paradoxalmente, também é saúde, pois guarda a esperança de, um dia, conseguir: "Seja qual for a cidade que visitares,/olha, primeiramente, para o seu chão./Nele estão os passos dos que já morreram,/e o silêncio das canções futuras".[1]

Eu perguntava a ele sobre os entardeceres em Lublin, se havia lobos verdes ou róseos, e ele, limitando-se a estar junto, adiava as respostas, quando não achava tolas as perguntas. Depois, morreu sem contá-las, embora, dentro de mim, continue vivo, calando e tentando contar. Poeticamente: "Tudo está em Auschwitz.//Quando o turista fecha os olhos, os mortos,/respeitosamente, se levantam, saudando/os vivos, que estão vivos porque eles estão mortos".[2]

Hoje sinto que posso narrar pelo que ouvi e pelo que não. Não posso abrir mão de fala ou silêncio e penso na falta de hierarquia na importância entre o que os contadores de histórias preenchem de invenção ou de fantasia e o que introduzem de silêncio e pausa. Meus dois avôs se completam – é o que penso quando vou abordar o tema da narratividade. Aqui, me ocorrem dois momentos da mesma análise de uma criança, utilizando como construto ou metáfora da cura não a concretude do fim dos sintomas, mas a possibilidade de contribuir para o nascimento de um narrador melhor: "A psicanálise é mais complexa, pois não visa a uma cura, não se visa a algo conhecido. Na psicanálise, reconstrói-se a história de seu corpo-coração ou espírito-linguagem" (Dolto, 2018, p. 28).

Desde já, estou insinuando que todo paciente chega meio narrando, nem que por meio da conduta natural de um corpo ou de qualquer outro sintoma aparentemente menos falante. A criação de um clima de fala e escuta propriamente ditas e ouvidas contribui para que a gente possa se aproximar de uma narrativa mais complexa, inclusive com palavras (sen-

---

[1] Armindo Trevisan, 2004, p. 68.
[2] Armindo Trevisan, 2004, p. 132.

tindo), o auge de uma análise e de uma literatura quando atingem uma representação consciente e expressiva.

Mire-se aqui o ideal narrativo como a devida criação de personagens no tempo e no espaço, entre acréscimos e cortes, entre tramas e não acontecidos, ou seja, uma palavra que se torna plural, no seu espaço múltiplo (Blanchot), não saturado (Bion) e aberto (Eco), para o leitor, ou ouvinte, completar o sentido depois de suportar muito silêncio e após muito fazer poético entre o som das interações.

Aqui me ocorre o momento com esse menino de 10 anos que chegara (in)devidamente etiquetado (não narrado) com o diagnóstico de transtorno de oposição desafiante. Em um determinado momento, eu disse (contei, brinquei, interpretei) que ele estava me contando o quanto seus pais se opunham a ele e aos seus desejos de autonomia.[3] Penso que ele apreciou a fala (o jogo) pela qualidade de sua escuta e porque, em seguida, conseguiu brincar (narrar), entre os ruídos e os silêncios lúdicos de uma narrativa infantil.[4]

No entanto, com o mesmo menino, em outro momento, ao fazer uma interpretação análoga, ele irritou-se profundamente e, gritando (narrando desesperado), pediu para eu calar a boca. E assim ficamos durante uns quinze minutos, que depois me pareceram mais importantes do que tudo o que eu vinha o dizendo até então.

O contraste dos dois momentos me fez repensar a dupla importância de avôs antípodas ou diversos e o quanto, na clínica ou na vida, é importante suportar narrar e não narrar, a fim de construir um narrador melhor. Nesse caso, vale o equilíbrio frágil e permanente entre a boca calada e a narrada.

O menino é o Roger, apresentado entre silêncios e palavras no capítulo anterior. Eu e ele teremos novas histórias para contar. Para dizer e ouvir. Para contar e calar, evocando a ideia de uma psicanálise que ainda hoje representa a difícil e necessária arte de circular entre o binômio vida e morte, com seus barulhos ensurdecedores e seus silêncios falantes.

[3] "Sim, os jovens são uma desgraça!/Piores do que eles,/os adultos que os fizeram/à sua imagem e semelhança" (Trevisan, 2001, p. 119).
[4] "Perturbando se fazia ouvir" (Flesler, 2012, p. 181).

8

QUANDO A CRIANÇA PÕE EM CENA O TRANSGERACIONAL

> Que faz então a mãe-analista?
> Ela fabula, ela brinca, ela conta histórias.
>
> Julia Kristeva

Certa leveza conquistada pelo ambiente familiar ainda não havia repercutido em Emília, de 8 anos. Há três, ela estava comigo para ficar mais obediente, segundo a demanda dos pais. Ou para apenas brincar e, assim, compreender o que se passava com ela. E desobedecer com mais elegância, conforme negociei com os pais em nosso tenso, mas possível, acordo.[1] Houve alguma confiança recíproca, o suficiente para que Emília ficasse.

---

[1] "Por outro lado, o sintoma da criança denuncia sua não conformidade ao ideal social de 'ser uma criança feliz', demonstrando, por meio de sua angústia, o confronto com a castração e a perda da possibilidade de se colocar como objeto de desejo do Outro" (Abu-Jamra, 2008, p. 135).

No primeiro ano, ela não brincou. Desobedeceu-me sem elegância, tal qual fazia com os pais (era transferência), causando-lhes algum alívio de não serem o único alvo de uma violência projetiva contida. Emília se opunha, gritava, ameaçava não entrar. Tentava chutar meus joelhos ou beliscar meus braços. Emília não brincava, não poetava, não narrava. "Chilique", dizia a mãe; "Eu avisei", dizia o pai; "Falta de sentido (ainda)", eu opinava sem veemência, mas contando com os embates do tempo para poder transmitir o espaço dessa ideia.

Alvo? Para mim, eles eram uma peça da complexa engrenagem daquela dor disfarçada de desobediência, dentro de uma responsabilidade que localizávamos na avó, antes de a perdermos de vista. E já não bastavam sete anos de melhora – quatro antes de virem; três, depois – diante da memória em carne viva de um primeiro ano de uma mãe deprimida de tanto que a própria mãe também o foi ao longo dos primeiros anos da filha, hoje mãe também.

Acho que a compreensão disso – no olhar, na espera, na paciência – fez Emília pegar uma bola aqui, uma boneca ali, um jogo de tabuleiro acolá. Estar ali, pelo menos, para o que pudesse vir, no encontro com o outro e consigo mesma. Um pouco de poesia, de muito olho na prosa até que essa prosa veio quando Emília se identificou com o teatro.

No começo, fizemos pequenas cenas: ela com um colega de quem gostava e não era correspondida no afeto; ela e uma amiga de quem gostava e também não era correspondida... E chegamos ao dia de começar a encenar o grande espetáculo, por ser aquele que mais a representava. Afinal, se a vida não pode ser toda saudável, a arte pode, em sua parte ilusória. E – paradoxo – de forma mais verdadeira ainda.

O cenário inventado por ela era o Polo Norte, e os personagens, dois. Ela fazia a mãe; eu, o filho; os dois perdidos nos confins do mundo, sujeitos ao frio, à fome, às intempéries, ao ataque de ursos bravos e famintos, alternando-nos nas representações. Às vezes, ela se retorcia, enregelada e faminta, quando eu fazia o filho que a atendia incondicionalmente. Cobria-a com o cobertor (do divã), conversava com ela e cantava para ela, e a única coisa que a aliviava eram uns goles de sopa quente. Mas, como ela mesma dizia e repetia, a sopa podia acabar a qualquer momento.

Nunca foi possível explicar onde aquecíamos aquele líquido interminável e milagroso no meio de um deserto gelado e sem maiores utensílios. Mas ali a verossimilhança estava tão estampada no conteúdo da representação que já não precisava de mais detalhes realistas para a sua forma. Ela era tão efetiva no todo que o espetáculo se desdobrou por meses como um folhetim, mas que não precisava do acréscimo de novas ações para manter o clima agudo – pungente até.

As cenas já eram muito simbólicas, mas, um dia, achei que podia representar melhor ainda o filho triste pela tristeza de sua mãe. Que ali estava o núcleo do conflito, a ser dito, ouvido, repetido e elaborado no jogo. E disse claramente em plena cena o quanto me doía precisar atendê-la e não contar com o atendimento dela, por mais que aquilo me garantisse continuar com alguma mãe. No fundo, acrescentei, eu sentia falta de uma mãe que cantasse para mim, que contasse histórias para mim, que me alcançasse a sopa quente. E havia uma inversão – não exatamente da realidade, mas dos papéis.

Para mim, era o bingo, o *turning point* da análise da infância em pleno jogo, mas Emília, naquele momento, alterou enormemente o roteiro. No começo, pareceu-me um sinal de resistência à minha interpretação indireta, embora a capacidade de alterar roteiros costume pertencer à saúde. E, no caso, pertencia.

A sopa acabou, a mãe morreu, e ela o representou com tal maestria que chegou a me dar um nó na garganta. Senti-me no fim do mundo de fora e de dentro, nos confins vazios de um mundo sem mãe, sem ter para onde correr, sem ter ninguém para recorrer, no extremo desamparo da terra e da pessoa, limitando-me (?) a expressar o quanto me doía já ser órfão e ainda tão pequeno, mas guardando no fundo de mim a esperança de encontrar uma mãe substituta (o analista? O analista resgatando a mãe?).

Foi aí que Emília surpreendeu novamente em seus recursos dramático--narrativos resgatados por aquele encontro, depois de terem sido engendrados pelo melhor dos pais e dos avós. Avançou a cena em muitos anos, em uma espécie de *follow-up*, e, como uma diretora competente da cena e de sua vida cada vez mais ludicamente analisada, deu as coordenadas do que faríamos a partir de agora.

No seu novo roteiro, eu havia sobrevivido e já estava grande e casado. Eu tinha uma filha da idade dela, desobediente: qualquer semelhança da representação com a realidade estava longe de ser uma coincidência.

– Por que você faz isso? – perguntei, na pele do pai ou da mãe.
– Vocês mentiram sobre a minha vó.
Silêncio.

— Vocês mataram a minha vó.
Silêncio.
— Sim, você tem razão. A história do Polo Norte foi tão dolorosa para nós que não conseguimos te contar. Mas ela ocorreu, sim. Ah, quando me lembro, mal consigo suportar. A tua vó morreu em consequência do frio, da fome e dos ataques de ursos. Peço desculpas pelo segredo e gostaria que ele não alimentasse em ti fantasias de que nós a matamos. Ela simplesmente morreu, mesmo que seja complicado de entender. No fundo, por mais que pensem o contrário, as pessoas não costumam ter o poder de matar umas às outras pelo que pensam ou sentem.

Faço uma pausa e começo a chorar na cena, embora o choro me parecesse muito verdadeiro, especialmente acompanhado das palavras:

— E eu não consegui fazer nada...
— Você não tem culpa. Você não tem culpa! — repetia Emília, alcançando-me o cobertor do divã e perguntando se eu queria sopa quente.

A cena nos deixou muito alegres pelo nosso desempenho, capaz de expressar a tristeza, e, sobretudo, pela compreensão indireta de sua pessoa, mas fatigados pelo dispêndio de energia para reviver tudo aquilo.

Poder brincar com os conflitos transgeracionais, poder narrar os segredos, tal qual vêm fazendo romancistas e cineastas que ainda inspiram psicanalistas, mostrou-se essencial na evolução de Emília. E mais: foi um marco de algumas mudanças, em especial o incremento de uma capacidade de desobedecer, que se tornou mais apurada ou elegante, como havíamos aventado no início. Não raro, na análise da infância, a melhora traveste-se de piora, já que o melhor costuma ser o mais difícil. O maior desafio de atender crianças hoje tem a ver com o quanto a saúde dos pais suporta.

9
A IMPORTÂNCIA DAS REPRESENTAÇÕES PARENTAIS NA PSICANÁLISE DA INFÂNCIA

> A criatividade é justamente isto: uma tentativa alquímica de transmutar o sofrimento em beleza. A arte em geral, e a literatura em particular, são armas poderosas contra o Mal e a Dor.
>
> Rosa Montero

De uma teoria que se pretende sólida, portanto, advinda da prática, faz-se a hipótese de que as representações maternas (paternas, idem) são fundamentais para a constituição da personalidade de um filho (Cramer & Palacio-Espasa, 1993): "As tragédias revelam, de um modo descarnado, a dependência vital e absoluta que um ser humano guarda em relação ao sentido que tem para um outro. Desde o início, e para todo ser vivo, esse sentido decide a própria vida".[1]

---

[1] Alba Flesler, 2012, p. 179.

Dito isso, a forma e o conteúdo como os pais representam os filhos, intimamente ligada com os seus próprios conflitos, especialmente não historiados ou representados junto a seus próprios pais, chega a ser determinante do que se constituirá de saúde ou não. Como uma genética, ou até mais forte, no sentido de que há genes não dominantes, mas dificilmente escapamos de uma carga psíquica transgeracional intensa e não nomeada – daí sempre dominante: "A voz de minha filha/recorre a todas as nossas vozes/recolhe em si/as vozes mudas caladas/engasgadas nas gargantas".[2]

Acreditar na concretude dessa transmissão abstrata chega a situá-la como rivalizando com o constitucional que não pode ser desprezado. E atua, lado a lado, com a sua influência, incluindo as condições de parto e a genética. Também por isso atender crianças é atender seus pais. As suas representações são decisivas e poderosas a ponto de, muitas vezes, não poderem ser revertidas pela elaboração da criança e continuarem intoxicando-a. Daí a importância cada vez mais atual de incluí-los na análise – a grande questão é como –, especialmente quando as condições, longe do ideal, não incluem que se analisem individualmente.

A admissão de uma nova infância pode estar em considerá-la um conjunto de interações familiares, já que a criança não existe sozinha (Winnicott et al., 1994). Separar o que é de um e de(s) outro(s) em busca de uma especificidade é nosso trabalho cotidiano (Abu-Jamra, 2008).

No embalo, recordo-me daquela situação em que, movido por essa vinheta, mostrei-me quase radical com um menino e seus pais. Havia fantasmas de violência, provenientes de avós maternos e paternos. Um avô materno e uma avó paterna com diagnósticos de psicose e, sobretudo, uma relação com seus filhos, os pais do menino, marcada pela violência física e verbal. A violência, não ao acaso somada naquele casal, e não suficientemente representada (era violência), transmitia-se para o menino que, inevitavelmente, era o receptáculo de uma loucura ancestral. Ele apresentava verdadeiros sintomas e alguns traços do que já estava pronto para cristalizar-se no mesmo diagnóstico dos avós, apesar dos seus 6 anos. Diante de determinismo e destino, um conteúdo saudável da transmissão abria espaço para a (re)construção de uma história capaz de enfrentá-los. Afinal, havia alguma saúde naqueles pais, como houvera nos avós. Sem isso, aliás, nem pode haver psicanálise.

---

[2] Conceição Evaristo, em *Poemas da recordação e outros movimentos*, 2017, p. 25.

Aqui, mesmo não nos submetendo, não rivalizamos com a genética, com a epidemiologia e com a psiquiatria, que também fazem parte da nossa formação. Apenas consideramos o quanto somos humanamente abertos, polissêmicos e podemos nos constituir por meio de vias diferentes. Todo gene ou diagnóstico terá de se ver com a obra aberta que também somos. A nossa hipótese era esta: a importância, em primeiro plano, da transmissão de fantasmas não historiados que redundam em constituições, diagnósticos e medicações para fechá-los, e não em histórias capazes de abri-los. Afinal, contar é o que abre. E ali estávamos dispostos a ouvir e a (re)contar essa história, porque havia um fio frágil e pequeno de disposição nos pais.

Raul mordia e batia. Era lábil no humor, tinha poucos amigos, dificuldades de aprendizagem e começou a ameaçar cortar-se, e mesmo se matar, apesar da pouca idade. Ocorria-me um pensamento tétrico, mas verdadeiro, de que já estaria morto pelas representações dos pais. Nesse caso, o desejo era apenas de ser enterrado. Um dia, eu disse para ele algo mais ou menos assim – e que pareceu muito estranho a mim:

– Sem querer, teus pais, por causa dos pais deles, têm a necessidade de que faças essas loucuras. Eu realmente não sei se já tens força para te defender disso, mas, quando tiveres, será muito melhor para ti. Então, chorarás, gritarás, falarás, brincarás e brigarás, sem a necessidade de ameaçar te cortar ou te matar.

Ao mesmo tempo, recordo-me de que os conteúdos dessa fala apareciam, de forma mais palpável e menos abstrata, no desenho (de dinossauros) e no jogo (de dinossauros), como costuma acontecer na análise de uma criança, cujo processo ficará descoberto se apostarmos todas as fichas no verbal, ignorando as técnicas quase sempre mediadas, uma espécie de *playing cure*. No entanto, quando tento localizar os desenhos, não os encontro e, quando tento me lembrar dos jogos, não consigo. Só me vêm as palavras um tanto nuas e duras que eu disse abertamente para ele.

Difícil saber a força ou a violência de eu tê-las dito como uma interpretação (Aulagnier, 1979) de forma não muito diferente para os seus pais, personagens do palco ainda maior desse arremedo de diálogo. Lembro que eles puderam ouvir, pelo menos em parte, o que, infelizmente, não é muito frequente e costuma dificultar o trabalho de um analista da infância atrelado à parentalidade. Em meio a essa vinheta bem-sucedida, há uma procissão de análises inteiras fracassadas.

Raul nunca se cortou nem tentou se matar. Seguimos tentando botar em cena cada uma dessas palavras e outras tantas, no fio frágil de encarar uma história ainda não contada. Ele não vem sendo borrifado com diagnósticos e medicações, que agora estão um pouco mais no seu devido lugar: na dor que os pais sentem, diante de seus próprios pais, no passado e no presente, e não nas representações para o futuro de seu filho.[3]

Um pouco, na vida e na psicanálise, poderá ser decisivo.

---

[3] "Ouvir o inconsciente significa também permitir uma ressimbolização do lugar que esse filho e esse sintoma ocupam na história dos pais e da criança" (Rosenberg, 1994, p. 31).

10
ADOÇÃO E PSICANÁLISE INFANTIL

> Eu tou me despedindo pra poder voltar.
>
> Tom Zé

O FIO DE UMA ADOÇÃO

Precisava escrever o texto que não vinha e fui caminhar. Caminhar vai e vem, movimenta o pensamento, inclusive. Há passos de fora para dentro, de olho de dentro para fora. Destranca. Freud caminhava para escrever. O contista e poeta Carver, também. É como a canção movida pela melodia: haveria a chegada daquela sem o movimento desta?

Desci a Rua Casemiro, passei a Goethe, entrei na Vasco, e, no viaduto, a turma de bêbados cantava no domingo de manhã. Cem mil reais pediu-me um daqueles não adotados, mas senti que havia uma restiazinha de mãe e pai nele, já que era capaz de cantar um pedaço de melodia com algum humor.

Respondi em sintonia que só tinha cinquenta mil, então ficava para outro dia. "Somos todos órfãos", pensei. E, voltando a sentir, senti a raiva que eu também sentia dele. Ele encarnava a coragem que parte de mim não tinha. A de jogar tudo para o alto, a da falta de si, do outro, de justiça, de planeta, do diabo (que não caminhava), de largar tudo, de agarrar o que não falta, de sair cantando e contando lorota no domingo de manhã. E quem negaria que há certa coragem nos párias, justamente a que falta em nossas partes-párias diante de um todo claudicante?

Então, tomei um café reparador no parque, juntei minhas partes dispersas e, durante, lembrei do Paulo. O Paulo passava dos 40, e a vida pouco se movimentava para ele. Toda semana, várias vezes, ele vinha me contar isso. O que procrastinava. O que estava preso, inibido. O que não caminhava, não ia adiante. E nem sequer decidia se tomaria um café ou jogaria tudo para o alto no domingo de manhã.

A mãe do Paulo tinha sumido no mundo. Concretamente, há muitos anos. A família se dispersara, de forma triste. O pai ficara, mas, afetivamente, estava sumido também. Um dia, meio ao léu, quando tentávamos como de hábito pesquisar algum significado do vazio de sua vida – o trabalho que não avançava, a mulher que nunca encantava –, Paulo contou o telefonema da tia materna.

"Como pude esquecer que a tia havia ligado antes?" – soprou-me um clique, ali na hora. A tia sempre ligava. A tia agora ligava para contar as peripécias de sua neta. A sua neta era filha de seu filho, mas este era filho biológico do marido, com quem casou quando o menino era um bebê abandonado pela sua mãe biológica. Aquele bebê logo se tornou seu enteado, e aquele enteado logo se tornou seu filho, a partir do único eixo verdadeiro de uma parentalidade, que não é biológico nem jurídico, mas amoroso. Tão amoroso quanto o que a unia aos dois filhos, o do meio e o caçula, que tivera biologicamente com o marido, para depois adotar também. Mas as peripécias não resumiam o telefonema. Aquela tia convidava mais uma vez o Paulo para visitá-la. Pagava as passagens e oferecia estada, comida, canção, humor (como uma mãe) para todos os dias da semana; ela, que morava longe, queria o sobrinho por perto.

– Paulo, tu te destes conta de duas coisas?

Paulo não se dera conta, mas desejava saber:

– Uma: a tua tia sabe adotar.

Paulo ouvia atentamente:

– Duas: a tua tia quer te adotar.

Paulo seguiu pensando. Nos meses seguintes, nas várias vezes por semana em que nos víamos, vasculhamos o motivo do porquê procrastinava e se inibia para aquela adoção. Talvez tivesse a ver com a réstia de sua mãe e de seu pai biológicos que, possivelmente, era menor do que imaginávamos. Talvez fosse uma alergia (psíquica) contraída que lhe dava pânico de ser abandonado outra vez. Fosse o que fosse, falar destrancou um pouco, conforme previa a psicanálise de Freud em sua prosa – a busca eterna da representação consciente – e a poesia de Blake na busca eterna da expressão do sentimento: "Tenho raiva de um amigo/Falo da ira, e não mais brigo".[1]

A mãe continuou ausente, o pai continuou frio, mas uma nova mãe agora se reconstruía na tia que não se inibiu nem procrastinou a adoção daquele homem de mais de 40 anos que carregava um órfão de menos de 5, idade em que a mãe biológica sumiu.

Ao terminar o café, naquele domingo meio azul, eu sentia que somos todos órfãos meio cinzas, uns mais, outros menos, mas que não existe mãe nem pai completos: todos abandonam, em uma certa dose; todos, em parte, inibem o vínculo. E procrastinam, em outra dose, justo aquela que precisaremos compreender e utilizar como motor para a completude que nos cabe. E, nos casos de doses mais altas, repor com outros pais e mães, entre o símbolo e a realidade.

Feito isso, já podemos não ser órfãos para sempre. Uma adoção nos aguarda, nem que dentro – basta falar sobre isso para quem possa ouvir com empatia, quantas vezes forem necessárias –, e nos recebe tardiamente, mas ainda em tempo de reconstruir o nosso começo.

[1] Blake, 2005, p. 115.

O FIO DE MUITAS PALAVRAS

Ele adotou dois meninos. Um tinha 12 anos; o outro, 10. Adoção tardia. O idílio começou rápido: o mais velho o chamava de pai, o mais novo de paizinho, e logo contavam com ele. E rápido também o idílio terminou, como em uma parentalidade biológica, dessas que logo desfaz os filhos ideais, quando a realidade entra em cena com todo o seu furor e fascínio.

Os meninos, carregados (como todos nós) de frustrações a serem compensadas, de buracos tristes a serem preenchidos pela alegria a qualquer preço, começaram a se bater como em uma fraternidade biológica, dessas em que o ciúme impera até que rei ou rainha consigam garantir seu amor por toda a corte. Mas as brigas progrediram até que um lascou uma barra de ferro na testa do outro, mostrando que uma raiva amorosa não acolhida se transforma, aí sim, em violência.

O pai levou o filho machucado à emergência para suturar a pele – treze pontos, número assustador, embora tivesse rasgado todos os envolvidos, por dentro, lá onde um fio que não seja feito de muitas palavras e muitos sentimentos não consegue costurar a linha e se torna mais assustador ainda. Levou o outro filho junto, e, apesar da urgência contida nesse fio, o silêncio desfiado imperava no caminho. Depois, curativo feito, foi direto ao tribunal e estacionou o carro em frente. Quando os dois meninos assustados perguntaram ao mesmo tempo o que o pai-paizinho estava fazendo, ele respondeu, quase sem titubear:

– Vou devolvê-los!
– Mas por que, pai? Mas por que, paizinho? – os dois sussurraram alternadamente, dando início – ou continuidade – ao fio de muitas palavras. E o pai esticou-o ainda mais:
– Porque não estou suportando!

Ele não blefava. Estava transtornado, desnorteado, violento, mas era verdadeiro. Então, os guris, que podiam, pediram uma chance. E, diante do novo silêncio do pai, lançaram ao fio uma súplica sólida e barulhenta, feita de todas as implorações de que eram capazes, garantidas por um comprometimento que também era de verdade.

Winnicott falou sobre a importância de sobrevivermos aos ataques de uma criança – filho, aluno, paciente, etc. – e sobre o quanto, às vezes, sobreviver psiquicamente consiste no que de mais sagrado podemos oferecer ao outro. Mas nem uma frase, mesmo sagrada, está imune ao paradoxo, porque é preciso conciliar a sobrevivência e a incondicionalidade, sobretudo para escapar delas. Porque, no fundo e por outro lado, o amor incondicional não existe. Ele é um mito como outro qualquer, mais intenso, talvez, em uma contemporaneidade tão exageradamente narcisista.

Desde então, os meninos nunca mais se bateram, pelo menos com gravidade ou sem pensar depois, como quase todos os seus pares. Mais: entenderam que todo amor é mortal, que condição nenhuma o garante e que é preciso que todos os implicados atentem aos seus fios e lutem muito por eles, durante todos os dias.

11
A ELABORAÇÃO NA PSICANÁLISE DO ADOLESCENTE

> Quem diz
> de si
> diz do outro
>
> O pai de Kafka
> é pai de todos.
>
> O autor

A prosa não deve se prevalecer para explicar a poesia, cuja expressão maior está justamente no que não se explica. A arte sabe disso. A psicanálise, idem, ao tentar ser implicada em vez de aplicada (ou explicada) quando se trata de arte (Frayze-Pereira, 2005).

Espero estar contando e não explicando, mas o poema da epígrafe surgiu depois de dois acontecimentos. Aqui, enfrento o pai Andrade (2012) quando apregoava que os filhos não fizessem poemas sobre acontecimentos. Desobedeço-o com aquela desobediência criativa que a psicanálise tenta (des)construir para a vida, como se fosse uma arte qualquer.

Um dos episódios era arrastado e vinha de eu ouvir as queixas que o adolescente Jonas fazia do pai. Este estava paralisado naquele mau-trato que vinha de longe, como de costume, mas agora se agudizara na intolerância de que o filho trilhasse o seu próprio caminho e na inconformidade com a desistência do filho em participar de seu negócio. Jonas queria fazer o seu próprio negócio.

Eu ouvia, eu falava, eu explicava a paralisia de Jonas, preso no mandato do seu pai, a culpa que ele sentia por enfrentá-lo, a solidão que o acometia por afastar-se ou desobedecê-lo. Eu sabia que aquela prosa só poderia surtir algum efeito depois de muita repetição e poesia. De muito resgate de ritmo, acima de todas as tópicas. Até que meu pai entrou na cena, voltando para algo parecido; afinal, o meu drama ou desafio, há décadas, não fora muito diferente do de Jonas, dentro daquela máxima de que nós, habitantes de uma comunidade, costumamos viver coisas muito parecidas e universais: as nossas invariantes.

Também enfrentei um pai, que tinha lá para si as suas preferências para mim, as quais eu ouvia com muita ansiedade. Foi preciso narrar muito e, autorizado por ele, ser ouvido alhures por alguém de muita esperança para separar, ao menos um pouco, o joio do trigo na vida, incluindo a capacidade paterna de escutar. Ainda hoje, mesmo que majoritariamente mitigada, dói em mim a desobediência ao meu pai.

Mas tudo parecia resolvido e elaborado até que o meu pai, em idade bastante avançada, fez com a voz já fatigada aquele comentário para lá de jovem e depreciativo sobre o meu sonho e a minha agora já parcial realização artística, como costuma ser o eterno inacabado vir-a-ser. Pronto: voltou o fio do sentimento dolorido, dando razão a Freud[1] quando este alertou que as coisas de mãe e pai são impossíveis, intermináveis. Ou a Drummond (2012) quando afirmou que nunca está pronta a nossa edição final.

Quando reencontrei Jonas, devo ter falado menos do que o costume. Tampouco sei se ouvi direito, mas ouvi de forma diferente, sentindo com a empatia mais calibrada, analisando melhor o outro por estar ainda na análise de mim mesmo.

---

[1] Como citado em Ben Soussan, 2004.

Dias depois, graças a ele também, superei meu pai novamente e em definitivo até o próximo paciente de dor maior do que a minha, mas isso não era nenhuma novidade, e sim o trabalho de uma vida a sós, especialmente quando encontra outra. A alegria inédita veio mesmo quando Jonas me contou que havia renovado o contrato do seu aluguel. Agora não pretendia voltar à sua cidadezinha e estava mais animado com os próprios planos na capital. Meio que desistiu deles na semana seguinte, mas eu sabia que o caminho era longo. Interminável.

Com a persistência do outro, com os meus ouvidos mais afinados e com os trigos de nossos pais, ele, um dia, seria também capaz de acolher toda aquela esperança. Em meio a ruídos e silêncios, eu não deixei de agradecer por dentro ao meu pai, em sua versão original. E na transferida para analistas maternais ou paternais que vieram depois dele, tornando-me capaz de analisar o Jonas e escrever poemas libertadores como o da epígrafe.

PARTE 3

A PSICANÁLISE NA INFÂNCIA COMO UM TRABALHO NARRATIVO – A PROSA DA CONTINUIDADE

12
O PSICANALISTA INFANTIL COMO UM CONTADOR DE HISTÓRIAS

> É preciso radicalizar sobre isso e reconhecer efetivamente que ser analista é uma forma de ser e de existir diante das coisas, que não se restringe apenas ao quadro formal da cura psicanalítica.
>
> Joel Birman

Chegou o tempo de o bebê contar histórias. E de o psicólogo ouvir. É o que contou o psicanalista Bernard Golse,[1] e eu ouvi. Com o corpo, o bebê contará. Não importa o método. E, se for eficaz, o psicólogo ouvirá. Sobre a chegada do contador de histórias ninguém disse uma palavra. Mas, quando o primata aportou no *Homo sapiens*, ao tomar consciência

---

[1] como citado em Solis-Ponton, 2004.

de si e desenvolver a linguagem verbal, já se contavam histórias. Mais do que eles, somos *Homo narrans*, segundo o ficcionista Assis Brasil (2019). E não se poderia mais viver direito sem contá-las. Primeiro, com imagens nas paredes das cavernas de Lascaux e em todas as outras. Depois, a caça e o amor ganharam palavras, e os enredos se sofisticaram. Muito mudou desde então. Pouco mudou desde então. Ainda somos representados, em meio a encontros decisivos, pelo trajeto das imagens às palavras. Ou do nada às imagens e às palavras. É o caminho da representação, com a sua subjetividade que nos distingue. Sou um contador de histórias, confessou o intrincado narrador Philip Roth.[2] E sugeriu que as histórias precisam chegar ao veneno, ao conflito, ao paradoxo, ao antagonismo. A história é o antídoto.

O que se pede a um escritor – e Freud atendeu ao chamado – é que ele possa envolver o leitor no que conta. Não seria a mesma qualidade necessária a um psicanalista? Em vez de diagnosticar ou prescrever, cocriar uma história com tempo e habilidade de encontrar. Envolver-se e envolver o seu analisando no desejo de narrar e saber. De narrar para saber. A poesia do começo, retomada na transferência, começa a nos salvar. O acesso a uma história mais completa pode ser a única salvação, nem que em parte, para o que nos faltou e, preenchido pelas novas histórias, passará a faltar de forma suportável.

Desde o título, sem priorizar noções, há no capítulo e no livro a sombra de dois conceitos pessoais: um, a *poesia fundante*, do começo, inaugural, que engendra um apego seguro e um espaço para o vínculo. Uma vez suficientemente coconstruída, haverá o acesso ao segundo conceito, uma *prosa sustentada*, espaço lúdico, potencial ou narrativo capaz de digerir, metabolizar e simbolizar as falhas iniciais ou posteriores dessa poesia.

Um de meus trabalhos anteriores, ainda que mais literário, foi estruturado, para cada tema da infância, com uma poesia inicial (fundante), seguida de uma prosa (sustentada).[3] Mais afeito a contar histórias, quase nunca fui muito pródigo em emitir conceitos, mas acho que esses eu esbocei. Claro que a prosa de um poeta foi mais clara e aberta do que o meu conceito: "... o poeta pode arremeter como um hussardo, mas o romancista precisa ir mais devagar, precisa aprender a ser 'comum e desajeitado' e tem de 'se tornar a plenitude do tédio' (Auden como citado em Wood, 2017, p. 41).

---

[2] como citado em Pierpont, 2015.
[3] *A dança das palavras – poesia e narrativa para pais e professores*, Artes & ofícios, 2012.

Traduzindo para o nosso arrazoado, a poesia materna (fundante) vem com lufadas. Depois, a prosa que ela engendrou será morosa no trabalho de elaboração. Sustenta-nos, aqui, Lévi-Strauss (1958/1996), ao considerar a cultura um código de comunicação significativa, e os processos sociais, uma gramática. Em nossos próprios conceitos, representamos essa gramática como a evolução da poesia para a prosa, que nos servem como parâmetro ou construto para nos representar. Para Auden, ou pelo menos para o meu Auden, as lufadas iniciais da poesia abrem um espaço (psíquico) para que nos tornemos capazes de suportar a prosa repetitiva e tantas vezes tediosa de uma vida. Ou de uma análise, ao tentar representá-la.

O menino Carlo chegou ao nada. Ao silêncio quase ensurdecedor de um sintoma profundo. Ao barulho desagradável da neurose-limite. A um avanço, do silêncio ao barulho. A partir do encontro com seu psicólogo, o (re)começo da história desvelou imagens baças, dispersas em torno de um vazio. Havia um menino sozinho, entre monstros, no computador. Uma mãe com esgar de desespero, sem conseguir tirá-lo dali. Um pai agarrado na sua própria mãe. Iniciava o paradoxo, o problema, o conflito, a busca pelo antagonismo daquele encontro, com a grande chance da transferência para uma trama nova. O contraveneno ou antídoto de uma história com direito ao seu resgate poético. Nova, velha, nova. Quem contaria? Quem ouviria? Uma boa história começa e termina crivada de perguntas: o que fazia um menino trocar o amigo pela máquina? O quintal pelo teclado? O que fazia uma mulher bonita já nos olhos trocar o batom vermelho pelo desespero nos lábios acinzentados de tanto tabaco? Por que um homem forte e jovem e com uma mulher bonita ao lado estava todo às voltas com o final da vida de sua própria mãe?

A história já estava escrita nas paredes da caverna de Lascaux. Faltavam as palavras. Não as definimos como pura e simplesmente palavras, mas como algo mais amplo, portanto, subjetivo e complicado, verdadeira casa dos sentidos. A arte edita, e todo capítulo editado é uma arte. Na vida é e foi demorado, interminável, incompleto, mas, como já dissemos, na psicanálise, um pouco pode fazer enorme diferença.

Carlo brincou com as palavras (poesia) depois de muito não brincar (prosa paralisada). Os pais as contaram – prosa restabelecida – depois de muito silêncio suportado pelo analista.[4] Foi o que a psicanálise ofereceu

---

[4] "São os outros, portanto, que fazem eco diante do silêncio de uma voz que clama por expressão..." (Flesler, 2012, p. 143).

para aquela família, ou seja, que as histórias – a sua, em especial – pudessem ser contadas. Ao final da contação, nenhuma de minhas quatro perguntas estava respondida. Pareciam, agora, questões de astronautas no deserto de Atacama, como no filme *Nostalgia da luz*,[5] porque, além de não terem sido respondidas, multiplicaram-se feito estrelas e o enigma da origem. É o que dá contar histórias. É o que dá ouvir histórias.

Philip Roth, escritor mencionado anteriormente, quando lhe perguntaram como fez para continuar contando depois de tanto tempo e não se entregar ao álcool, ao contrário de predecessores como Scott Fitzgerald, respondeu que aprendeu a conviver com a agonia. É o que dá não sedar. Do nada à imagem e à palavra, nada havíamos respondido. Contar e ouvir não aturdidos pela pressa foi o que fizemos. E o suficiente para a vida retomar algum prumo, do sintoma quase ensurdecedor à essência ouvinte da própria vida, quando, em vez de ser sufocada, consegue libertar-se para a linguagem narrativa e, assim, agarrar o que lhe é de direito: entre agonias, desfrutar cada vez mais momentos de céu estrelado, mesmo que algumas estrelas estejam sempre faltando.

---

[5] Guzmán, 2010.

13

A PSICANÁLISE INFANTIL E O ETERNO RETORNO DA NARRATIVIDADE[1]

> O sonho é mais forte que a experiência.
>
> Gaston Bachelard

Gosto da palavra epifania. Dos momentos decisivos – *turning points* – de uma vida e de uma análise. Vivi uma com Gregory, de 8 anos, enquanto ele jogava *Battle of the Behemoths*. Para mim, tratava-se de mais um jogo sem muita subjetividade, no qual um monstro gigante tenta matar um monstro menor. Não há muita trama, intriga, poesia, como na maioria

---

[1] Reescrito a partir de um artigo original publicado na *Revista de psicoterapia da infância e da adolescência* do Centro de Estudos Atendimento e Pesquisa da Infância e da Adolescência (CEAPIA), Porto Alegre, 2018.

dos jogos ou objetos culturais contemporâneos.[2] Tudo se passa com muita violência.

Para Gregory, tratava-se de um robô do bem que tentava matar um pato bebê. Eu sempre respeitei o seu ponto de vista. E achei importante que o inimigo fosse descrito por ele como um bebê assassinado à la Winnicott, de forma invertida. Em uma determinada sessão, enquanto eu me entediava, como de hábito – era a minha contratransferência –, vendo de canto de olho Gregory jogar, ele falou, facilitando enormemente o meu trabalho:

> – Por que tu não narras a luta?

Acendi-me na hora. Passou o tédio, e acendeu em mim um desejo poético-narrativo-analítico, ativado por alguma parte dele:

> – O robô do bem acaba de acertar um direto de esquerda e mostra muita agilidade nas pernas. Faz uma esquiva perfeita e acerta o meio da cara do monstro pato bebê.

Ainda que vivêssemos tempos culturais mais de jiu-jítsu do que de boxe, o Gregory, curioso com a palavra esquiva, perdeu a luta, e, no final, eu disse:

> – Não sabemos ainda se o resultado foi justo, mas temos certeza de que o robô do bem vem fazendo progressos nos seus golpes. Esse lutador vai longe...

Para mim, o principal progresso era ele poder ouvir um narrador. O mesmo, ou melhor, o outro, que ele se tornaria muito tempo depois. Para mim – e para o Benjamin, o Diatkine e o Freud, entre outras companhias ilustres –, uma criança que é capaz de ouvir um narrador e depois narrar por conta própria está curada. Superou o silêncio ruidoso do nascimento, o ruído silencioso do Supereu, o monstro bebê, a carência e até mesmo os péssimos mediadores de uma sociedade da cultura do espetáculo (e

---

[2] Victor Guerra (2018) alerta para o predomínio, na sociedade pós-moderna, de objetos descartáveis, em detrimento de objetos duráveis, comprometendo até mesmo a identidade das crianças com as marcas da instabilidade e da descontinuidade.

da adição), palco frequente de uma infância hoje. Nada mais do que uma análise pode oferecer.

Se ele pôde aprender algo, foi isso. Algo de novo para ele e para mim. Muito pouco, talvez, e muito antigo, no sentido de suportar a realidade e encontrar o outro para (re)construir uma história que a supere. A história é a cura. A única possível, independentemente do tempo, da época, da cultura e do que elas proponham para se assistir.

No mais, realidade, realidade, realidade. E não vamos nos iludir mais do que foi necessário no começo da análise e há de ter faltado, mas não completamente, no começo da vida do Gregory. Ao final, essa realidade nos encontra um pouco mais capazes de suportar, aceitar. E de encontrar. E de contar, separando o antes do agora, abrindo espaços para transformar o depois.

Sigo ruinzinho no *Angry birds*. Ainda não consegui passar da segunda fase. E, quando jogamos bolinha de gude, o Gregory confunde cu-de-galinha com nhaque na prática de seus dedos pouco treinados para trabalhar mais do que as pontas. Mas já acreditamos que nenhum dos dois é abobado como um dia ele pensou de mim e conforme tiveram certeza os nossos hoje um pouco menos sádicos Supereus (Strachey, 1948). Sabemo-nos afetáveis um pelo outro, e, no meio de uma história possível, eu nos considero suficientemente curados da aventura humana em sua luta contínua pela própria expressão.

14
A CLÍNICA DA INFÂNCIA COMO O FOMENTO DA DESOBEDIÊNCIA

> A única esperança de um escritor é colocar tudo no papel
> a fim de compreender e, talvez um dia, superar.
>
> Claudia Roth Pierpont

O José, de 11 anos, entrou para mais uma batalha disfarçada de sessão de análise. Eu o atendia nas terças à tarde. Atendê-lo fazia-me pensar em Bernard Golse (2006). Para ele, o psicanalista da infância precisa: 1) historiar; 2) vasculhar as interações; e 3) trabalhar com a sua contratransferência.

Historiar com José era impossível. Vasculhando as suas interações, encontrávamos, no primeiro plano, gritos e maus tratos. A contratransferência com José pesava. A tudo ele se opunha. O mundo o irritava. Ele só se acalmava com *videogames* que traziam vírus para o meu computador. Depois do José, nunca mais baixei antivírus. Passei a comprar os mais

caros e potentes. Aquela terça-feira era como todas as outras. Pesada, difícil, quase intolerável.
Acudia-nos o Winnicott: sobreviver ao José era o objetivo máximo da "cura". Mostrar a ele e aos pais dentro e fora dele que o insuportável do arcaico não representado poderá um dia, depois de muito trabalho, terminar no colo ou, melhor ainda, nas asas de algum símbolo, advento da novidade depois de tanta repetição. Aportar em uma história, o antídoto de qualquer neurose ou o alvo de toda análise.
Naquele dia, José estava particularmente irritado, embora muito melhor do que de costume, depois de tantos embates. Tentávamos um jogo com bola – o computador estava no conserto por causa de um vírus que desta vez não tinha a ver com ele. Mas ele se irritava com tudo o que eu dizia ou não dizia. Em um determinado momento, interpretei:

– Algo está te irritando muito, e não parece ter a ver com o nosso jogo.

Irritou-se mais ainda. Chegamos ao insuportável de toda terça-feira, justo aquele que me parecia essencial suportar e transpor. Superar o reencontro do seu verdadeiro colapso (Winnicott) para transpor a fonte em que tudo começou. Precisávamos sobreviver a isso. Contar. Chegar aos símbolos, formas vitais e analíticas de nossa sobrevivência. Sair do não dito, entrar no dito. Até que, movido por ele ou pelo vazio dele no meu, um tanto menor, consegui criar. Criei um personagem. Agarrei a bola e fiz de conta que me irritei.

– O que é isso? – ele perguntou.

Eu respondi, sob a forma de um psicodrama:

– Eu me chamo José. Sou um irritado! O mundo me irrita! Todo mundo me irrita, inclusive tu!

Ele apreciou e sorriu.
Inventamos um jogo no qual eu entrava em campo para uma apresentação com a bola. Ia fazer uma espécie de malabarismo, como esses malabares das esquinas de uma cidade grande e desigual. Inventei o ma-

labarismo. A torcida. A foto. A pose para os fotógrafos. Ele inventou um ladrão irritado que me impedia. Depois, um dançarino. Depois, um bêbado. O ladrão tentava me dar uma porrada. Eu segurava as suas mãos e dizia: – Faz de conta, faz de conta. O dançarino mostrava o pinto e a bunda. Eu dizia: – Faz de conta, faz de conta. E o bêbado, finalmente, ficou em posição fetal e começou a sugar a almofada: – É um bebê! – eu disse. Precisamos cuidar dele.

Então, encostei a sua cabeça na almofada. Alcancei uma chupeta, primeiro concreta – uma toalha –, depois imaginária. Cantei para ele uma cantiga de ninar. Contei para ele a mesma cantiga. Ele acalmou-se e falou mal de um tal de Celso, a quem tinha o desejo de matar. Perguntei por que ele queria matar o Celso. Ele disse que não sabia.

Assim, eu disse que, antes, ele devia ter sérios motivos para matar o sujeito, mas que, agora, quando ele já era capaz de dizer a sua raiva, talvez o Celso fosse também capaz de escutá-lo, mesmo morto. Ele concordou, em parte. Fizemos esse teatro nos meses seguintes. A terça-feira tornou-se um ótimo dia da semana. Um verdadeiro domingo.

Escolhi a vinheta porque a achei representativa do que acontece nos momentos de epifania de um tratamento com muitas crianças hoje: interpreta-se fora da definição. Chegamos ao ponto de urgência (Braier, 1991) que permite que algo seja dito de forma inédita e alcance realmente a primeira vez. Na transferência, paradoxalmente, a primeira vez. O encontro ou o reencontro do primórdio, do arcaico, do colapso primordial (Winnicott et al., 1994), filtrado pela novidade à espera e à procura da elaboração. Como a literatura, ainda que oral, de um Rosa, um Machado, uma Lispector (1973). Ela, aliás, escreveu "Gênero não me pega mais", epígrafe do nosso livro.

Eu a acompanho. E penso que um tratamento analítico de uma criança, nos seus melhores momentos, não se preocupa em teorizar isso. A beleza ali é a verdade psíquica, revivida na transferência com um halo de novidade. A verdade psíquica é estética. Algo consegue ser dito e apreciado pela primeira vez, nem que na primeira vez da transferência. Depois de alguma poesia inédita, nasce um narrador para repetir e elaborar (Freud, 1914/1996f).

Assim, faço hoje uma escrita psicanalítica que, à la Clarice, perdeu o seu gênero. Depois de desobedecer poetas importantes, desobedeço agora analistas importantes como o Ogden (2010), que paradoxalmente tanto me influencia. Depois, alcanço alguns leitores que brincam e brigam comigo porque faço do meu jeito. Não é assim com as relações mais duradouras e verdadeiras entre as pessoas? Quem faz do seu jeito costuma alcançar o outro, nem que em parte. Acho que a máxima esconde uma verdade que toda análise procura. Como paciente ou analista, alcanço meus melhores resultados quando desobedeço ou ajudo a desobedecer a mandatos, gêneros, definições. Quando desconstruo ou narro da minha forma e, portanto, crio uma história nova até chegar ao paradoxo da solidão e da companhia. É subversivo. Por isso, é difícil. Por isso, talvez, prefiram, em geral, outros métodos. Não é fácil ser analista ou subversivo, mas o que é fácil quando a gente se propõe a ser nós mesmos? "Na música, é preciso subverter as regras. Metade das sonatas de Bach não segue as regras dele", dizia um dos diálogos da série *Nada ortodoxa*.[1] O gesto espontâneo (Winnicott, 1969; Winnicott et al., 1994) não é obediente nas lutas ancestrais do rochedo com o mar e da pulsão com a educação. Posso estar enganado, mas Freud, da forma ao conteúdo, quase sempre tentou fazer assim. Claro que muito melhor do que eu, mas ele me ensinou a tratar ou a contar o Édipo e os cuidados prévios e posteriores a ele. E já não me sinto tão complexado diante dele. Quer dizer, até me sinto, às vezes, mas continuo sempre tentando. E tratando. Tratando-me, ou seja, tentando pensar, sentir, narrar e ser ouvido para aproximar-me do auge de mim mesmo, tornando-me apto para ajudar o outro a também se aproximar de si mesmo.

---

[1] Hoje, convém ao psicanalista da infância estar suficientemente em dia com as séries da Netflix e com sua estética narrativa contemporânea.

15
O ESPAÇO DO TEATRO NA PSICANÁLISE INFANTIL

> Milhares de minutos falando e milhões de minutos escutando, às vezes concentrado, mas na maior parte do tempo nas nuvens, como todo bom psicanalista que se respeite.
>
> Emílio Rodrigué

Na sala de espera, ele, que poderia ser Carlo, José ou Gregory, digita no *tablet*. A babá diz que combinaram com a mãe de não entrar com o aparelho. Ambos me olham, para que eu decida. Como não sei, faço silêncio e penso. Enquanto isso, ele diz que só quer me mostrar um jogo. Já sabemos como é: ele diz primeiro que só quer mostrar, depois se recusa a deixar o aparelho e sempre se recria o teatro ruidoso transferencial de não aceitar o começo de um limite ou o final de uma sedação. A castração? A castração impossível para quem antes não foi afagado? Para quem foi borrifado com falta de nãos como um abandono?

Sigo pensando, perguntando e não sabendo, mas, por desconfiar de algo possível para sairmos do impasse – falta de poesia, falha da narração –, digo que, se entrássemos com o *tablet*, ele teria desobedecido à mãe e perderia a chance de voltar a vir com ele. No entanto, como quer me mostrar, talvez possa me mostrar ali mesmo; depois, entramos sem. Ele parece exultar com a ideia, e sento-me na cadeira da sala de espera para ver. Logo vejo que o seu plano é outro, uma treta bem mais voltada para si do que mostrar o *tablet* a mim, o que pode ou não ser um bom sinal.

Fui ingênuo, mas ser ingênuo em melhores condições também pode ser um utensílio contratransferencial eficaz de um analista da infância, especialmente hoje em dia, diante de uma inteligência opositora[1] com muito potencial criativo, mas abafada pelo excesso de tecnologia e de carência parental. Nessas horas, costumo pensar em artistas à frente de seu tempo (Van Gogh, por exemplo), comparando-os a crianças mal compreendidas pela mesma família e pela mesma comunidade que os engendraram.

Passado um minuto, chamo a sua atenção para o que venho pensando, e ele me mostra uma metralhadora do jogo que segue jogando como um adito com a sua droga, sem nenhuma escuta, dentro ou fora, para o que não seja ela e seu alívio imediato. A análise, atualmente, parece tentar resgatar algo mais duradouro ou subjetivo diante da transitoriedade de um impulso.

Aguardo mais um minuto e, no teatro ali encenado desde o início, tento representar o adulto que limita ou castra amorosamente e o chamo para entrarmos, buscando afagá-lo com a minha voz e atenção, achando saber que uma castração só pode funcionar onde há apego seguro. Que ele entre, sem o *tablet*.

Ele entra, não sem antes pegar um objeto (uma arminha de brinquedo), apontar para a babá e dizer que vai matá-la com um tiro. Diz que não sabe por que, mas vai, fazendo menção de. Eu digo que acho que sei. Acrescento que pretende fazê-lo, tendo em vista que ela me contou da combinação e que, se não tivesse contado, ele poderia entrar com o *tablet*, como fizera tantas vezes. Ele insiste ainda em entrar com o aparelho, mas, em poucas palavras e com o olhar, digo que não é possível e que, acredite ou não, lá

---

[1] "Só quando tudo vai bem é que a relação entre a criança e o Outro se incomodará" (Flesler, 2012, p. 97). Winnicott et al. (1994) referia-se ao bem-estar infantil como não isento de sintomas, bem como, antes dele, Freud (1920/1996h). A vida corrente, de fato, não é imaculada.

dentro, depois de sentirmos algum tédio, poderemos nos divertir muito mais do que com aquela tela.

Já dentro, sob a sua compreensível desconfiança, estou com a arminha que ele me passou. Ele está meio desorganizado (sem *tablet*), e eu proponho que brinquemos de arma e combate, justo o que fazemos quando conseguimos brincar. Ele prepara com o lego outra arma e diz que me vencerá com um tiro só.

– Ha, ha, ha, eu vencerei – digo como um personagem, alegando que a minha arma tem muita munição.

Ele diz que basta um tiro para me vencer e que acertará meu coração. E acrescenta:

– É minha ideia.
– E a minha é fazer um colete à prova de balas – e o faço, improvisando uma pequena almofada sob a minha camisa.

Ele se surpreende com a concretude do meu gesto, atira no meu abdômen e diz que eu morri de hemorragia. Morro de hemorragia, e ele pede para fazermos o segundo combate. Pergunto se tem a ver com o primeiro, pois já serei um zumbi. Ele diz que não precisa.

Vai para a sala de adultos, ocupa a minha cadeira e faz algo que considero surpreendente, revelador e expressivo, a ponto de eu querer fazer o relato: pega a arma que construiu e, em vez de propor um segundo combate, diz que a transformou em *tablet* e começa a jogar com ela. Eu digo:

– Algo incrível está acontecendo na batalha! Meu inimigo transformou a arma em imaginação e agora consegue pensar que está jogando. Que maravilha! Que vitória!

Ele se entusiasma e me convida para ficar com ele. Eu digo que não apenas vou ficar com ele como gostaria de lhe oferecer um lanche enquanto ele joga. Ele diz que é engraçado dois inimigos estarem lanchando juntos. Pergunto o que ele deseja, e ele diz que pipoca. Depois acrescenta:

– Pipoca com a cabeça dos mortos!

– Dos mortos no jogo – eu acrescento e convoco uma cozinheira imaginária para preparar pipoca com a cabeça dos mortos.

Ele pede muito sal e manteiga, e eu digo à funcionária que necessitaremos de muitos mortos. Ele se diverte e acrescenta:

– Engraçado! Engraçado! Mortos de todos os tipos!

Quando a moça imaginária me entrega a pipoca, eu finjo que tropeço em um cadáver e ordeno a ela que isso nunca mais se repita, senão vou matá-la também e o próximo cadáver-pipoca será ela. Ele parece aguardar o desenrolar da cena; eu a levo adiante, fazendo menção de matar a cozinheira e verbalizando:

– Não sei esperar. Não sei o que fazer com a raiva!

Ele diz que vai me ajudar, e seguimos assim, com os papéis invertidos. Ele faz de conta que encosta uma varinha na minha cabeça, e eu digo que agora não preciso mais matar a funcionária, pois recebi no seu gesto uma dose de "segurar a raiva". Em seguida, trocamos cardápios e preparamos lanches um para o outro. São comidas macabras, feitas de sangue, carnes malpassadas, cruas vísceras de indivíduos mortos de todas as formas – por veneno, bomba, atropelamento –, incluindo opções como suflê de cadáver estripado, lombo de morto degolado, frutos de gente morta e apodrecida, e assim por diante. E, por ter a sensação de que estamos representando o que é violento e, até então, irrepresentável (os arcaísmos dos primórdios), como propõem os contos de fada e as análises, dou corda. E, por ter a sensação de que estamos no auge da análise com uma criança, que é criar o teatro do que antes, por falta de oportunidade ou de continência, era ato não dizível (arcaico, primitivo, não representado nem simbolizado) e poder narrar as fantasias, vou dando corda.

Ao final, ele não quer interromper. Em geral, esses momentos são difíceis com ele, mas ali não. Aceito que fique mais um pouco e chego a sacrificar meu intervalo. Aceita ir embora, mas não antes de matar a cozinheira, sugerindo que ainda temos trabalho pela frente.
Adendo:

Já instalado na sala de espera, com a babá. Em duas poltronas contíguas, ele lendo Luluzinha.

– Fora – ele diz, mandando-me embora.
– Tu estás fora; eu, dentro.
– Volta para tua poltrona de chato.

Volta a ler. Digo que até posso ficar na poltrona de chato esperando um cara legal, porque, em meio a leituras, ele é capaz de me dizer o que sente e o que pensa por dentro, sem a chatice dos que não se expressam profundamente. Dou uns minutos; ele lê com um olho e, com o outro, me espia. A babá diz que vai ao mercado e sai. Ele segue lendo, e retomamos a conversa que pouco dura.

– Tu é um chato!
– Por quê?
– Porque é, e não vou entrar.

Faço um silêncio que ele interrompe, pedindo:

– Celso chato, faz este papel.

É o que faço: o papel de alguém que quer deixar de ser chato. Ele ri, se diverte. Entra, me mata e pede para eu fazer um zumbi. Fazemos uma família deles: ele é meu filho, o bebê de um pai zumbi que está de aniversário. Brinca de ter um pai morto e com a morte em si. Experimentamos um prazer, longe de qualquer chatice.

Sim, estamos na ficção. Abarcada por mil conceitos analíticos, mas ficção. Qualquer conceito precisa negociar com ela. Há muitos disponíveis, e, aqui, se destaca a teoria como metáfora e possibilidade de representar o que for preciso (Mannoni, 1979). A partir da representação, estamos no terreno da metáfora e suas múltiplas possibilidades, contrárias à linearidade redutora de um sintoma: "Dante, morta Beatriz, perdida para sempre Beatriz, brincou com a ficção de encontrá-la, para assim mitigar sua tristeza..." (Borges, 2011, p. 54).

Penso agora em George Steiner,[2] que criticou a psicanálise, considerando-a ultrapassada, e em Freud, um mitólogo e excepcional romancista. Lúcido o Steiner, como quase sempre, mas sem se dar conta de que a chegada à ficção, com tudo o que ela tem de expressivo, pode ser o recurso mais terapêutico de uma análise. É o que permite deslocar-se do arcaico não dito e não chafurdar nas pulsões cruamente verdadeiras. É o que permite dizer. Isso é flagrante no trabalho com crianças, mas também ocorre com os adultos, essas crianças mal disfarçadas. Toda e qualquer análise acaba, ludicamente, prestando contas ficcionais ao real infantil da vida. Com a criança, hoje borrifada por um momento cultural vazio, concreto e exageradamente narcisista, mais ainda. Poder vir a fazê-lo expressando-se é o que de mais próximo chamamos de cura.

[2] Entrevista não publicada, como citado em Abrão Slavutzky.

16

JOGOS ELETRÔNICOS E PSICANÁLISE DA INFÂNCIA

> Não há regra que não possa ser superada em benefício da expressão.
>
> Beethoven

> Só na dor entendemos.
>
> Carlos Nejar

Uma nova sessão também foi forjada pela ficção dos representativos Carlo, José ou Gregory, unidos em suas invariantes e condensados em nossos relatos como legítimos representantes de uma criança hoje.

    Ele chegou com o celular em punho e com as senhas de *wi-fi* a postos, totalmente disposto a passar o dia no *game* que carregava. Estava "elétrico" e hiperativo e queria uma tomada. Ainda não havia palavras. Agora o celular estava carregando. Enquanto isso, começou a ofender-me. Em inglês: Celso Gut, *boring Gut, idiot Gut, shit Gut, fucked Gut.*

Aquilo era um avanço. Ofender-me em inglês, brincando com as palavras. Em outras ocasiões, eu transformara o momento em *english classroom*. A brincadeira e o outro idioma talvez fossem um esboço de mediação, de envelope, de contenção, de "como se". Ou de quase tudo o que alvejamos na análise dessa criança e de todas as outras. Mas ali achei que podíamos mais. *Boring*, sim; *shit, idiot, fucked*, não. Havia limites para o que se fazia ou se dizia. Vinha para compreender por que não tinha amigos. Como ter amigos se eu o deixasse me ofender e se, fora dali, ele ofendesse os candidatos a amigos que se deixavam ofender, mas se retiravam da amizade depois de ele ser ofendido pelo pai e de passar adiante a ofensa como uma batata quente?

Se com o pai, como filho, ele nada podia, agora eu também me ocupava da parentalidade semanalmente. E tentávamos pôr palavras melhores nas piores ofensas. O celular estava carregando, o *game*, idem, e ele parecia relaxar, deitado sobre o tapete. Fez um esgar de dor e disse que a perna doía muito: – Acho que dei um mau jeito ao sair do carro.

A perna parecia dormir, mas a dor acordava depois de seu dono ser interditado de aliviar-se. Agora essa dor parecia ocupar o seu devido lugar, na perna desperta, em direção ao peito. Não fiz a interpretação. Em vez dela, propus que brincássemos enquanto *game* e celular carregavam. Foi então que ele sugeriu que eu massageasse a sua perna. Entre brincar e massagear, negociamos integrar os dois.

Na brincadeira, eu era o Doutor Pernovsky, um médico polonês célebre por operar pernas machucadas. Eu o anestesiei pelo ombro com uma seringa-caneta. Ele fez a cara de êxtase que sempre fazia ao ser anestesiado, a mesma de durante os *games* ou de quando recebia a medicação prescrita pela neuropediatra. Fiz um talho de boa medida com a régua-bisturi, retirei a parte machucada, inseri um enxerto de perna boa e suturei. Depois, curativo de papel A4 com durex, afinal, certa concretude ainda se fazia necessária. Ele acompanhou tudo com muito interesse, apesar de anestesiado. E foi nesse estado de vigília que comentou: – O tratamento não vai adiantar nada. Precisa massagear.

Foi então que um resto de humildade, estranhamente presente em um cirurgião famoso, soprou-me que eu havia cometido um erro médico. Brincadeiras são maravilhosas, porque, ao contrário da vida fora delas, permitem consertar na hora. Chamei o Doutor Massajowsky, outro profissional famoso, mas em terapias mais simples e alternativas.

Massajowsky começou o seu trabalho, mas não era fácil massagear aquela perna. Ela pertencia a um grande especialista em pintos, um sujeito mais graduado do que o Pequeno Hans. Tratava-se de um perito em *funks* pornôs, cujo vocabulário chulo superava o de qualquer adulto de conhecimento erótico médio como eu. Aquelas lembranças compareceram, mas não pesaram. Fiz nele as massagens que minha avó fez em minha mãe e que minha mãe fez em mim, mas com mais ficção. Eu iniciava os gestos à larga distância, vindo de cima, ameaçando dar um golpe mais japonês do que polonês. Fingia que ia serrar a perna e massageava. Fingia que ia cortar a perna e massageava. Ele ria. Ele ria muito. Ele se regozijava. Era como uma interpretação ritmada (Wallerstein, 1988), em pleno ato (Winnicott, 1969, 1971).[1]

As transformações (Bion, 1962, 1970) seriam, no caso, menos fruto dos conteúdos do que se dizia, ou menos da inteligência pensante do que da forma disso, ou seja, do tom resgatado nos níveis mais arcaicos dos sentimentos de uma transferência (de um bebê), lá onde começamos a nos constituir como sujeitos, filhos do ritmo, das canções, das prosódias de uma voz materna ou de seus representantes: "Daí a eficiência do trabalho analítico, quando o material arcaico pode ser rememorado no tratamento, vivido na transferência, e aí analisado" (Dolto, 2018, p. 27).

Ali não pensei o que penso agora: o quanto as palavras com ele, para não serem inócuas, precisavam da maciez dos toques, lembrando as brincadeiras mais arcaicas e quase autoeróticas das quais falam Lebovici e Diatkine (2002). E o quanto andam em falta nesses tempos de cuidados terceirizados ou politicamente corretos. Pensei no filósofo: "O amor precede a palavra" (Morin, 1998, p. 17). Sem palavras, recorreu-me uma imagem muito cirúrgica. Imaginei aquela pele toda se abrindo; de lá de dentro, vi surgindo uma criança que era capaz de se opor como ele se opunha, de ser violenta como ele era, mas que agora estava mais completa porque podia brincar e ter prazer junto ao outro.

---

[1] "É importante assinalar, de acordo com a minha experiência, que, ao tratar-se de uma criança pequena, é necessário impregnar as palavras com um toque de ternura, um cuidado sublimado para poder atenuar o impacto do conteúdo semântico" (Guerra, 2018, p. 192, tradução do autor).

17
O ITINERÁRIO DE UM LEITOR – A TUA LETRA É A MINHA VOZ

> Cantando eu mando a tristeza embora
>
> Caetano Veloso e Gilberto Gil

Parto de um sonho próprio. Estou atendendo em uma clínica. Parece o ambulatório da Unidade de Medicina de Família do Hospital Conceição, onde fui residente nos anos 1980. Sonhar com esse ambulatório é um dos meus sonhos de repetição, o que atrelo aos resquícios do sentimento de culpa por ter deixado a "medicina em si" ao me tornar psicanalista. A clínica está meio enfumaçada, como em um filme *noir*.

Sei também que estou no hospital porque uma secretária conhecida daquela época me alcança fichas. Torço para que não sejam casos de medicina interna, como costumavam ser em sua maioria, embora a questão emocional, a que mais me interessava, estivesse sempre presente, chamando a atenção do futuro psicanalista.

O primeiro caso é o de uma moça com o diagnóstico de esquizofrenia, conforme está escrito na ficha. Fico parcialmente aliviado por ser da área de saúde mental e chego a pensar que estou apto para acolhê-la. Mas desejo que não precise ser medicada, pois estou desatualizado no uso dos antipsicóticos.

Penso em Winnicott, que continuou atendendo como pediatra depois de tornar-se psicanalista, mas já não medicava mais. Ela tem cabelos curtos. É muito bonita, parece uma atriz de filme francês e diz que deseja me contar o seu delírio. Fico me perguntando se também alucina e logo me calo, curioso para ouvir o seu relato. Penso que a (contra)transferência é erótica, mas que não devo interpretar a uma (paciente) psicótica.

Corte. Atendo agora um menino – o segundo caso –, e estamos entusiasmados com o nosso encontro. Ele também já vinha com um diagnóstico cravado no seu prontuário: autismo. Estranho a ausência da palavra espectro. Corremos pela sala, que é ampla, andamos de mãos dadas e vamos à escrivaninha. Escrevemos juntos. Às vezes, seguro a sua mão para que escreva comigo. Na sequência, ele acompanha a minha própria escrita. E, com uma voz macia de criança, ele diz:

– Tua letra é a minha voz!

E repete de forma rítmica, não estereotipada:

– Tua letra é a minha voz!

Então, penso que o diagnóstico pode estar errado, afinal, ele está se expressando verbalmente em alto nível. A consulta termina, e estou emocionado com a força da frase. "Tua letra é a minha voz" reverbera no ambiente que continua enfumaçado. Quero repartir com alguém o que ouvi. Ato contínuo, há três supervisores à minha espera. Na hora, não acho estranho; só depois, quando acordo. Um é a minha mãe, outro, uma prima, que é psicóloga cognitivo-comportamental, e o terceiro, um amigo neurocientista. Querem ouvir o meu relato do caso, mas há um desdém indisfarçável em suas vozes, com exceção da mãe, que está ambivalente.

Começo a contar sobre meu atendimento. O relato é longo, completo, um verdadeiro historial, daqueles freudianos do começo de suas obras, pelo menos na hora e no tempo do sonho, embora só tenha ficado essa frase quando acordei. Eles ouvem com alguma atenção reduzida, mas, no que pronuncio "Tua letra é a minha voz", sinto uma emoção profunda, interrompida pela frieza da pergunta objetiva do trio, que questiona em uníssono:

– Qual a idade do paciente?

Sem a menor ideia de por que assim procedo, respondo que ele tem 6 meses e, em seguida, corrijo para 10 anos. O amigo neurocientista, apegado à primeira resposta, a espontânea, diz que não faz sentido atender um bebê daquela maneira ou fazer um diagnóstico tão precoce de autismo. Começa a desfiar alguns dados epidemiológicos, mas eu o interrompo e corrijo novamente, dizendo que o paciente tem 10 anos, talvez 11, de forma que ele aponta haver, na minha hesitação, uma inconsistência científica. Acho que retomou a exposição dos seus dados, depois de dizer que me faltou postura profissional.

Aí é que está. Para além do conteúdo superegoico ou edípico, o sonho me traduz a ideia do quanto leitura e escrita promovem a nossa voz particular, função deficiente nos quadros autistas. Mas ler e escrever têm emocionalmente seus precursores, e um dos principais é a mãe que conta e canta. Daí, talvez, a escolha correta e simbólica da primeira idade do paciente (6 meses). No sonho, há de se representar uma parte de mim mesmo e a presença de uma mãe ambivalente, ou seja, verdadeira e capaz de superar os seus colegas em termos de empatia. E de ultrapassar o silêncio de sua tarefa materna impossível. E de contar.

Embora a idade real do personagem do sonho seja 10 anos, estamos focando o primeiro ano de sua (minha) vida, tarefa cotidiana de uma análise, no palco da transferência, retomando os encontros com uma figura materna que conta e cala, que canta e silencia, sempre ambivalente quando suficientemente boa (Winnicott, 1969; Winnicott et al., 1994).

Sim, aos 6 meses, no primeiro ano de vida do bebê, idade decisiva para a formação de um futuro leitor e de um sujeito com voz própria, a mãe precisa banhar o filho de olhares, toques, mas também de prosódias, trechos, imagens. E de histórias. Por meio desse banho, o bebê constitui a sua própria subjetividade, o que inclui, na linha de frente, os seus pensamentos.

Vários construtos cabem aqui: o espaço transicional de Winnicott (1975; Winnicott et al., 1994), quando, a partir dos objetos culturais, o bebê avança na separação entre o "eu" e o "não eu". Esse objeto pode ser um urso de pelúcia ou uma história de três ursos. Pode ser sólido em sua matéria ou abstrato em seus sons. E, sem essa arte, não poderia fazê-lo.

Cabe aqui também a noção de função alfa, de Bion (1962/1979), atrelada à capacidade de devaneio da mãe que digere para o filho aquilo (elementos-beta) que ele ainda não pode digerir. Entram os diversos construtos de interações precoces da psicanálise do bebê e os processos de simbolização, especialmente em Melanie Klein (1967a), valorizando a presença de alguma angústia para que ocorram.

A tua letra é a minha voz: eis a frase que permaneceu me comovendo na vigília e gerando o processo secundário do relato. Ou seja, para eu vir a ser, a tua voz abre espaço para uma voz que em breve será a minha própria, depois de eu me banhar e me embrenhar na tua. A tua voz, com teu corpo e teus cuidados, é que abre o espaço. Depois, nos melhores casos, a leitura continuará reproduzindo-a, independentemente da presença real da mãe cantando e contando, pois ela estará introjetada no sujeito, com a ideia do pensar como substituto materno (Winnicott et al., 1994).

Fora da psicopatologia, estamos falando do surgimento de um leitor, indivíduo com tendência maior de desenvolver a resiliência. Por dentro, o autismo, para um psicanalista, é também uma história confundida, simbiótica, uma espécie de grude, como uma psicose que perde a realidade das fronteiras entre o eu e o outro. Uma carência de objeto transicional ou de função alfa, envoltos em muito mistério.[1]

Poder ouvir histórias de uma figura materna interessada em oferecer interações adequadas por meio de canais primordiais – olhar, sons, toques – abre espaços para construir um ouvinte, que há de se tornar um leitor, que há de se tornar um falante. Ou um autor, no dia em que as letras e os sons maternos forem traços apagados e bem guardados, pois já acenderam no filho uma voz e uma letra próprias. Inconfundíveis.

Horas depois da vigília, comovido ainda com o menino, eu alterei a frase. Eu já não dizia "Tua letra é a minha voz", e sim "Tua letra foi a minha voz, mas agora essa voz é minha".

---

[1] Victor Guerra (2018, p. 146) afirma que um psicanalista não pode fazer uma leitura puramente biológica do autismo, por levar em conta a importância, em seu *corpus* teórico e em sua prática, a emergência do desejo inconsciente e as vicissitudes da subjetivação diante de um "outro estruturante", o que engloba o conceito de intersubjetividade.

18

DA CURA COMO UMA ESCRITA

> Eu me senti compelido a pedir asilo na ficção.
>
> W. R. Bion

Improviso uma cena em que sou Solange, a amiga dela. Ela é ela, a Maria, de 7 anos. Estamos em um avião. Solange é agora uma aeromoça adulta e sádica. Na brincadeira, chama-me de cocô idiota e diz que devo sair para não deixar a aeronave fedendo, como faz com a amiga na realidade. E, por isso – nossa hipótese –, tem poucas amigas, sente-se triste na escola e não aprende, principais motivos de sua vinda e de seu sofrimento. Nosso objetivo é compreender, desenhando e brincando, o seu ímpeto destrutivo/evitativo.

Estamos em cena, na transformação do material cru em arte ou representação. Em saúde. Ainda não sabemos por que ela afasta as amigas dessa forma, o que do passado ela põe no presente, embora eu já desconfie.

Repassar-lhe o conteúdo é menos importante do que ela encontrar a forma para representá-lo. É ciência e arte. Ciência com teorias sendo sempre experimentadas, para serem ou não validadas. Arte como uma linguagem para elaborar e simbolizar, quando efetiva. Arte das sessões de uma análise científica. Cerne de uma psicanálise da infância ontem e hoje.

– Mas por que isso? – reflito junto com ela.

E, a partir dessa pergunta, construímos o diálogo:

– Aeromoça, de onde vem tanto ódio?
– Da minha boca.
– E, para chegar à boca, veio de onde?
– Da minha cabeça.
– E, para chegar à cabeça, veio de onde?
– Do meu coração.

Faço uma pausa e:

– Seu coração parece estar muito triste!

A sessão foi fundamental, junto à outra, pouco tempo depois, em que tive uma ideia: veio de ela ficar admirada com o fato de que eu escrevia livros e de eu ter dito que, escrevendo, a gente pode dizer o que sente. Fiquei emocionado com a inteligência dessa menina que padecia de tantas dificuldades na aprendizagem e nos relacionamentos sociais. E perguntei-nos por que ela, com um nível tão alto de capacidade de pensar, não poderia escrever também.

"O que a gente sente manda no que a gente pensa". Ocorreu-me essa frase, perdida em uma caderneta antiga, candidata a um poema que nunca chegou e que agora aportava na vida, um local ainda mais valioso do que a página. Alguma resposta veio antes da sessão seguinte. Ela trouxe uns bilhetes amarfanhados que havia escrito nos intervalos de uma briga com a mãe: "Odeio a minha mãe"; "A minha mãe é uma puta e uma idiota".

Fiquei muito animado com os bilhetes e disse a ela o quanto havia sido importante não ter chamado a mãe de puta ou idiota ao vivo e ter escrito vivamente. Escrevendo ela poderia pensar melhor sobre o que sentia naquele coração triste da cena do avião e, um dia, encontraria palavras para a tristeza, abrindo mão do impulso que lhe deixava sozinha. De tempos em tempos, a menina repetia algumas vezes:

– Ainda não encontrei a palavra!

Mas a sua prosa já a buscava, o que me fazia pensar (sentindo) que estávamos no rumo certo, ou pelo menos no rumo verdadeiro oferecido pela psicanálise. Fiz este poema ao voltar para casa em um dia no qual tivemos sessão:

"Ali
naquele vazio
bem demarcado
ao lado de nada
ou da palavra
um dia virá
outra palavra
por enquanto há
naquele vazio
outro vazio
um silêncio
uma esperança,
essas coisas maiores
do que a palavra
que virá".[1]

Eu nunca perdi a esperança de que ela encontrasse o seu poema e suas próprias palavras. O fato de o seu analista encontrar as suas – ou nossas – já era um indício promissor.

---

[1] *A palavra*, do autor, poema inédito.

19
ANALISAR UMA CRIANÇA GRAÇAS A UMA HISTÓRIA

> Será que apenas os hermetismos pascoais
> Os tons, os mil tons e seus dons geniais
> Nos salvam, nos salvarão dessas trevas
> E nada mais...
>
> Caetano Veloso

Em meio ao divórcio turbulento de seus pais, Nara não queria ver o pai. A tristeza não cabia em seus 8 anos. Esparramava-se no corpo que doía e na alma, que doía mais ainda. Eu a sentia, pensava nela, no quanto era dela (uma parte) e no quanto era da mãe, talvez a parte maior. A energia dispendida para estancar os prantos faltava na escola, em casa e em toda parte. Por isso, ela vinha, graças à parte sadia desses mesmos pais.

O que fazíamos? Brincávamos, ou seja, analisávamos. Pelo menos, tentávamos brincar para analisar. Quando conseguíssemos, a maior parte de nosso trabalho já estaria feita. Todas as vezes em que tentou falar diretamente da tristeza ou da raiva atrelada a ela falhou, como costuma acontecer nessa idade e, talvez, em todas as outras. Falhava quando tentava falar comigo ou com o pai. Ou com o pai em mim. Agora se lembrou de uma personagem que costumava fazer em casa, quando brincava sozinha – era filha única –: uma bibliotecária que contava histórias para um homem rico. Lembrei-me da personagem e da hipótese que eu criara de que a bibliotecária era ela contando histórias (as suas) para o homem rico que eu representava.

Propus que brincássemos disso, e ela aceitou. Brincávamos agora, ou seja, analisávamos. Nara começou interpretando a funcionária que vinha me acordar. Interpretou-a com bastante verossimilhança enquanto eu fazia um homem rico com mais empatia do que arrogância, embora ela risse dos momentos de arrogância que eu imprimia para obtermos prazer e diversão, a fim de mediar a dureza do tema. E encontrar algum sentido nas hipóteses que eu elaborava para o seu sofrimento. Centrei a minha intepretação na necessidade de encontrar a bibliotecária, e ela foi fazendo o que precisava, ligando para a colega de trabalho, perguntando a hora que vinha, respondendo que só às onze e meia e que recém era nove e trinta.

Tentei expressar certa contrariedade ou pôr em cena a impaciência de esperar; a mesma que via nela, na realidade. Na brincadeira, Nara parecia se identificar comigo ou com as suas melhores partes parentais. E parecia me conter e me acalmar, orientando-me a fazer o que era preciso no começo da manhã: escovar os dentes, tomar banho, beber café. E esperar. Assim – dizia – o tempo passaria mais rápido.

Tomei banho, escovei os dentes, comi os cereais com leite que ela me preparou, tomei o Nescau, e o tempo passou mesmo rápido. Mariana, a bibliotecária, chegou animada. Trocamos algumas palavras respeitosas, falamos de seu salário. Ela disse que não precisava de aumento, que já estava satisfeita com o que recebia. Pensei na dificuldade de Nara em aumentar a própria felicidade, e fomos à biblioteca da mansão para ela me ler uma história.

Pegou um livro ao acaso entre os disponíveis na minha biblioteca infantil, acessível às crianças junto às folhas em branco, às canetinhas e aos jogos. Sentou-se à minha frente e começou a improvisar uma história enquanto folheava o livro. A história chamava-se *Amigos para sempre* e, segundo ela apontou, era sobre a sua vida, parte verdade, parte inventada. Importante frisar que as suas amizades ainda duravam muito pouco.

Eu disse que ficava muito feliz em ouvir aquela história e, colocando-me em seu lugar, acrescentei que ela tratava de um de meus principais assuntos, a tristeza que eu sentia pela dificuldade de fazer amigos. E que ouvi-la talvez pudesse me ajudar. Nara contou uma tarde de Maria. Era uma tarde bonita. Maria saiu de casa e encontrou Laura. Deram-se um abraço, e, pouco tempo depois, Laura falou que tinha uma coisa importante para contar. Aí, ela fechou o livro e disse que estava na hora de ir embora. Lembrei-me de Scheherazade contando para não morrer,[1] mas também pensei que ela pudesse estar representando a frustração que sentia quando a sessão precisava ser interrompida por causa do tempo no meio de uma brincadeira. No caso, ela estaria no comando.

A bibliotecária foi saindo, mas, antes de se retirar completamente, fingiu que atendia um telefonema. Aí houve a grande guinada da sessão e da análise talvez. O telefonema era do meu pai, o dono da mansão. Ele a despedia sem maiores explicações. Ela saiu e voltou na pele do meu pai. Interpretou um homem rígido e brabo que me mandava calar a boca, o mesmo pai que aparecia nos momentos reais de suas altercações. Eu consegui dizer que ficava muito triste de ver meu pai assim, mandando-me calar a boca de forma violenta, jogando em mim problemas seus, demitindo a funcionária de quem eu mais gostava, mas ela/ele não se mostrou nada compreensiva/o.

Ela/ele mandou eu me isolar no quarto, onde ficaria sem comida e deveria pensar no que estava fazendo.[2] Horas depois, fui acudido por uma funcionária que me trouxe comida, ouvidos e compreensão, mas o alívio durou pouco, pois fomos novamente descobertos por essa figura paterna sádica e violenta que demitiu a funcionária ao gritar comigo.

Nara disse que exagerou e pediu para repetir a cena. O pai se retirou, e bateu à porta uma dinda carinhosa e compreensiva que só sabia falar em inglês. O final da sessão pareceu representar uma reparação, especialmente com a abertura de um espaço psíquico e de mediação com outra língua, no qual consegui expressar a minha tristeza relativa ao meu pai e a tudo o que ele vinha fazendo. A bibliotecária, nos meses seguintes, será demitida

---

[1] "E a minha provocação sobre adiar o fim do mundo é exatamente sempre poder contar mais uma história. Se pudermos fazer isso, estaremos adiando o fim" (Krenak, 2019, p. 27).
[2] A imposição de castigos, tão afeita ainda à educação contemporânea, parece um resquício da não compreensão do que seja uma criança e vai na contramão do que propõe uma análise, mais voltada aos atos do que a incrementar pensamentos.

e readmitida muitas vezes. O pai nunca saiu de cena e foi melhorando em seus aspectos sádicos, ao mesmo tempo em que, fora dali, observávamos alguma melhora nos encontros diretos com ele, em torno da parentalidade. O ponto alto surgiu no dia em que Nara conseguiu avançar essa história. A coisa importante que não pudera contar tinha a ver com o fato de a amiga estar se mudando para o exterior, onde encontraria uma outra melhor amiga. Ela disse que a reação foi de indiferença, do tipo "não tou nem aí". E reagiu de forma semelhante, dizendo que também podia encontrar outra melhor. Com o tempo, deu-se conta de que estava sofrendo muito. Sentia-se triste, e a amiga substituída às pressas não conseguia tamponar aquela dor tão vagarosa. Ao reconhecê-lo, conseguiu que a outra voltasse e que elas se reaproximassem.

Durante todo o relato, supus que estivesse falando de sua própria tristeza em relação à separação dos pais e ao novo relacionamento do pai e sobre o quanto este a fazia sofrer com seu jeito violento. Interpretei a minha suposição, mas em direção ao personagem, ou seja, à metáfora. Nara evoluía. Elaborava. Representava. Simbolizava, isto é, afastava-se da repetição para se aproximar de algo novo. Por meio da forma impressa nas relações – dramática, narrativa, literária –, sentia um intenso prazer emocional (Jones, 1989). Recuperava a expressão da dor, e eu pensei, sentindo, que nada poderia ser mais importante do que isso.

Nara, enfim, estava em análise. Já era uma observadora de si mesma, do seu entorno e do seu interior. Podia, brincando, contando e dramatizando, elaborar o pai real a partir deste que, na brincadeira, era ideal ou imaginário.[3] Graças ao jogo, ao teatro e, sobretudo, ao espaço narrativo que construíamos juntos.

Graças à possibilidade simples e sagrada de, em meio à dor e ao silêncio, uma criança poder contar a sua história.

---

[3] Na psicanálise do bebê, fala-se muito sobre o conceito do bebê ideal, real e imaginário, mas não da tarefa ou do desafio no sentido contrário, que é a necessidade presente, na vida e na análise, de o bebê, depois criança e adulto, elaborar o abismo entre o real e o ideal em seus pais. Volta e meia, penso em desenvolver esse conceito, o que deixarei para um futuro livro, com mais metapsicologia e menos relatos.

20
RETORNO ÀS ORIGENS DA PSICANÁLISE INFANTIL

> Forma e alma. Esta é a meta. Conversa entre poetas.
> O resto é prosa.
>
> Augusto de Campos

No dia 9 de janeiro de 1908, Herbert Graf, de 5 anos, mais conhecido como O Pequeno Hans, foi advertido para não pôr a mão no pinto. Há cerca de dois anos, demonstrava como qualquer criança um profundo interesse pela sexualidade e pelas origens, mas o seu sintoma fóbico havia começado no dia anterior.

Bendito sintoma fóbico! Graças a ele, o pai do menino, Max Graf, musicólogo e amigo de Sigmund Freud, procurou este para um atendimento. O caso tornou-se célebre e, em que pesem críticas e trovoadas, marcou o solar início da psicanálise com crianças, até então limitada a medidas educativas ou coercitivas, quando não ao abandono total da compreensão de suas dores de alma.

Desde Freud – e mesmo antes – sabemos que um sintoma pode ser o fragmento da tentativa de uma narrativa, uma historieta, portanto, uma obra aberta e sujeita a infinitas possibilidades que ainda não chegaram. Que podem chegar com o encontro e a escuta, quando o sintoma arrefece ou se transforma. Valia o mesmo para a fobia de Hans, que tinha medo de ser mordido por um cavalo em uma Viena repleta deles.

Uma das chances de compreendê-lo tinha a ver justamente com aquela advertência: – Não botes a mão ali... O temor teria sido ainda maior no dia em que a mãe ameaçou chamar um doutor para cortar a mão do pequeno onanista. À mesma época, o pai ameaçou utilizar um saco de dormir para evitar a farra. O incrível é que Freud descreve o casal Graf como já "ciente" do conhecimento e da liberdade proporcionados pela psicanálise, tendo educado o filho com o "mínimo de coerção possível".

Freud, que sempre defendera a verdade, não estava mentindo. Em plena era vitoriana – vide repressora –, a maioria dos casais – vide os registros da história, do cinema, da literatura – renegava a sua própria sexualidade infantil, a partir da de seus filhos. Se esse não era inteiramente o caso dos Graf, não foi suficiente para impedir que cenas como aquelas ocorressem nos embates educacionais do dia a dia.

Pode estar aí outro carro-chefe da psicanálise infantil (e geral), ao lado da descoberta de uma sexualidade com primórdios na infância. Ou seja, a ideia de que somos seres narrativos, construídos por histórias encharcadas de crenças. Se a nossa narrativa é submergida, a saúde mental afunda junto.

Não se muda um pensamento ou um hábito por decreto. Ou por palmada. Ou por castigo. Ou por remédio. As nossas melhorias internas, essas que engendram as externas, de acordo com a psicanálise e a observação clínica de quem nela transita, seriam o resultado de muito trabalho interior, o que seria o resultado de muito encontro exterior, com bastante troca de palavras e sentimentos, espaços minguados na contemporaneidade. A palavra-chave aqui é elaboração. Ela não cabe em um só chamado, mas sim em repetidas e repetidas vezes, até encontrar os sentimentos verdadeiros: "Tudo se resolve em frases" (Green, 1994).

Não cozinhamos à primeira fervura; não mudamos no começo da trama. Por isso, as narrativas longas – uma análise – também nos representam e, continuando, podem nos surpreender. É preciso muita história, vivência, intriga, muito encontro e reencontro entre personagens para haver uma pequena e decisiva mudança de rumo em algum deles. E a mudança no rumo de um costuma estimular a dos outros. Não são contos esparsos. É a soma integrada deles. Um romance, talvez. As crianças, às vezes, nos surpreendem com transformações mais rápidas, mas a pressa é uma grande ameaça. A inércia e a repetição implacável da natureza e do universo nos dizem respeito. Somos casos de amor e histórias, e é no entrevero dos encontros entre amores que elas podem se/nos modificar, o que demanda tempo.

Talvez isso explique por que Freud, que tanto não explica, desistiu da hipnose e mergulhou no estudo e na prática de um tratamento para além do terapêutico ao propor um processo de autoconhecimento realmente longo e arrastado que aposta as suas esperanças de mudança – o terapêutico – na ampliação da capacidade de saber e de sentir a partir de uma história contada e ouvida. Coconstruída. Talvez explique também por que, ainda hoje, psicanalistas propõem um método cheio de arte que é longo, dramático, romanesco, poético, narrativo.

Não significa que não existam, na arte e na vida, exemplos de guinadas curtas e duradouras, apontando para o valor das sínteses ou das corridas de curto fôlego. Mas, para vivê-las, precisariam ser precedidas de tempo e história. Afinal, os japoneses calaram e contaram durante séculos antes de produzir um haicai:

Um teto
a teta
o todo.[1]

---

[1] *Haicai do bebê*, inédito, do autor.

21

OS NOMES E A PSICANÁLISE NA INFÂNCIA – ADENDO DA ESPERANÇA

> O meio mais difundido para liberar-se do silêncio é fazer psicanálise [...] Mas o silêncio é universal e profundo.
>
> Natalia Ginzburg

Estar forçosamente nomeado costuma ser mais fácil, e ele chegou nomeado. Transtorno da rebimboca da parafuseta. Legitimado. Científico. Numerado. Classificado nos melhores manuais do ramo. Irrevogável, até o nome seguinte.

Ocorre que aquele nome não o fizera sofrer menos. Pelo contrário. Por isso, veio. Meu trabalho foi desnomear. Nosso trabalho, sem ferir a realidade, costuma ser nomear, desnomear, renomear a partir de um encontro e de um vínculo. Deixamos de ficar quantificados, perdemos a ilusão de controle e de sabedoria, mas, ainda assim, tornamo-nos mais verdadeiros.

Desnomear é difícil como nomear. Impossível, inclusive, se antes não foi nomeado. Não há ciência que o legitime; não há remédio que o trate. Renomear, entre afetos e compreensões, promove uma das sensações mais deliciosas do mundo. Inclui espargir nomes de projeções alheias (parentais) e, a partir da saúde desses mesmos pais, trabalhar para que o filho conquiste o seu próprio nome. Por isso, o embate costuma valer a pena.

É preciso certa experiência com o vazio, algum estágio na dor, uma graduação no desespero de quem suporta primeiro estar sem nome. Precisa saber calar, odiar e ser odiado na sombra do amor, essas coisas da vida e da morte. Ignorar estando junto.

O amor será garimpado.

O menino aprendera a odiar e, um dia, depois de muito não nomear, me disse:

– Eu te odeio!

Eu já desconfiava porque também odiava estar com ele durante a maior parte do tempo, por mais que soubesse da impessoalidade dos nossos ódios curto-circuitados.

Era tão pequeno e carregava ódios tão grandes. E pareciam presentes, mesmo se evocassem um sério passado que precisávamos conhecer brincando.

Esperei que repetisse a expressão do ódio e prontamente dei o meu primeiro novo nome. Não era dos mais científicos, tampouco objetivo. Eu disse mais ou menos assim, em meio a uma brincadeira meio travada:

– Penso que o teu ódio não começou aqui. Ele nasceu na tua casa, mesmo antes de ti. Entre nós, ele encontrou um espaço porque eu te chateio quando não faço o que me pedes. Mas penso que também colaboro quando não ficamos brigando apesar do ódio. Há certo respeito nisso. E uma verdade. De certa forma, eu te ajudo a odiar. Eu também gosto de ti.

Achei muita palavra para pouco ouvinte, mas disse sonoramente cada uma delas. Dei repetidas vezes o mesmo nome para os seus pais que se odiavam, brigando muito, sem o menor resquício de respeito. E a eles também disse que os ódios, tal qual um seixo com o qual nos deparamos na travessia do rio, haviam começado em suas casas de origem, provavelmente antes de eles terem nascido.

Porque podiam, ouviram muitas vezes, e penso que, depois de tanta repetição, hoje odeiam um pouco melhor. Um pouco, pois, ainda que sejamos de certa forma ficcionistas, trabalhamos com a realidade. Às vezes, cansam de nomes tão vagos, tão duros, tão de antes. E tentam se agarrar a uma palavra fresca, recente, científica, sistemática. Desesperado, não a digo. Certa vez, o meu silêncio sem nome chegou a tremer junto com eles. Mas sou e somos teimosos, e não nomeamos precocemente porque continuamos à procura de sentimentos ainda não ditos, à espera de renomear psicanaliticamente, ou seja, artisticamente.

Conto com a teimosia deles, às vezes maior do que a minha, quando a minha própria vida está em um momento pior do que a deles; cada um em seu papel, vamos alternando. Tenho guardado e desguardado o meu rol de ódios. Limito-me a jogar palavras abertas ao léu, em meio à muita escuta. Nada de medicações nem de nomes de todo científicos, a não ser o maior deles: esperança, inclusive na hora de odiar.

PARTE 4

PSICANÁLISE INFANTIL APLICADA

22
ESPIRITUALIDADE E PSICANÁLISE

> A magia, o xamanismo, o esoterismo, o carnaval ou a poesia "incompreensível" sublinham os limites do discurso socialmente útil e trazem o testemunho daquilo que recalca: o *processo* excessivo para o sujeito e suas estruturas comunicativas.
>
> Julia Kristeva[1]

Intensas e controversas são as relações entre a psicanálise e a espiritualidade, em suas variadas expressões. No entanto, ambas atuam no mesmo palco, dispostas a se abrirem a cenários parecidos, embora sempre diversos, quando se trata de seres humanos no calor da vida.

---

[1] Tradução do autor.

Apesar de postas com frequência em campos opostos, psicanálise e espiritualidade acreditam em fantasmas (espíritos), no transcendente, ainda que atribuam ou proponham diferentes sentidos a eles. Nenhuma delas aposta todas as suas fichas na carne, na matéria, na célula, na genética ou na bioquímica, racionais e explicáveis até a dúvida seguinte. Mas a psicanálise, em meio a toda essa subjetividade – arte inclusa –, sempre se pretendeu científica entre paradoxos e imbróglios abertos até hoje, incluindo esse.

Os conflitos entre psicanálise e espiritualidade passam também pelos narcisismos das pequenas diferenças (Freud, 1914/2004; 1930/1996l) ou pelas relações tortuosas entre Freud e Jung, o mais espiritualista entre os analistas. Houve ali uma amizade, cujo trajeto, do idílio ao rompimento, nós conhecemos bem (Burke, 2010).

Mais do que a discordância entre Jung e Freud sobre o papel da sexualidade nas neuroses, ou mais do que a própria neurose dos dois protagonistas, o desacordo entre mestre e discípulo pode ter passado, narcisismos à parte, por aproximações inconciliáveis entre o que é do espírito e o que é da mente. Ou o que se refere a toda integração humana necessária, incluindo a ancestral, entre o corpo e a alma. Ou em seus desdobramentos, entre a ciência e a arte.

O dia a dia da clínica, lidando com alma, corpo (tentando ligá-los), espírito, fantasmas (tentando nomeá-los) e demais subjetividades, costuma fazer voltarmos à questão. Ou, mais precisamente, ela voltar a nós. Assim era com Laura, uma mulher jovem e bonita, embora a beleza estivesse escondida sob as roupas largas que detinham uma sexualidade sedutora (psicanálise) ou simplesmente desvendavam a sua espiritualidade complexa, segundo ela própria.

Autêntico "bicho-grilo", como brincava consigo mesma, Laura tinha profissão e hábitos bastante alternativos ou, conforme assinalava, "fora do sistema". Era uma ativista em vários campos; às vezes, ficava difícil entender por que continuava ali analisando-se em alta frequência, vasculhando as profundezas de sua vida, nomeando fantasmas, cavando subjetividades, tentando juntar alma e corpo ao mesmo tempo em que defendia algo ainda menos palpável, mais exotérico. Mas borrifado com ação, embora a gente saiba que, apesar das aparências, a verdadeira análise é ativista, alternativa, questionadora. E, neste caso, tinha tudo a ver estarmos juntos.

Avançando, ela me fazia pensar na proximidade entre psicanálise e espiritualidade. Ou no quanto Freud perdeu depois da decepção com

Jung. E todos nós perdemos quando, ao portarmos uma máscara científica no rosto da arte, afastamo-nos de uma espiritualidade que é diferente de dogmas ou religiosidade. A ciência, afinal, também pode ser dogmática. Mas não é a psicanálise igualmente alternativa? Quando verdadeira, não estaria "fora do sistema"? Não seria ela própria um bicho-grilo? Não se comporia de uma intervenção com pelo menos dois ativistas diante de algumas imposições (dogmáticas) inconscientes de uma família, uma cultura, uma comunidade? Psicanálise para adaptar-se ou para questionar? Psicanálise para submeter-se ou para tornar-se subversivo, revolucionário? Eram perguntas que nos habitavam, e, um dia, Laura disse algo mais ou menos assim:

– Para mim, o que vale mesmo é a regressão da consciência.

Referia-se a uma de suas "teorias espirituais", na qual também se baseava para pensar-se. "Significa aceitar. Aceitação. Aceitação". Ela repetia como um mantra a palavra aceitação, a qual já tinha mencionado muitas vezes, e, volta e meia, a relacionava com o zen budismo, que tanto a encantava e que sugeria para si e para os outros, ao propor a "grata aceitação" entre seus construtos.

Acaso ou não, eu havia estudado poeticamente a noção com a poeta Alice Ruiz em uma oficina de haicais e cultura japonesa nos anos 1980. A grata aceitação era descrita como uma espécie de paz interior, marcada por um equilíbrio entre o que a vida pôde proporcionar e a satisfação decorrente disso, o que me fazia, guardadas as diferenças, pensar em alguma equivalência com a noção sartreana de malogro na meia-idade.[2] Ou no conceito de posição depressiva de Melanie Klein (1984), quando o bebê experimenta uma tristeza necessária, decorrente da integração dos aspectos positivos e negativos de uma mesma mãe, a qual ele finalmente aceita, mas não sem uma tristeza ligada a perceber a falta de completude. Um dos pilares da teoria kleiniana é também a aquisição – ou não – da gratidão.

Cheguei a imaginar todos esses conceitos enfileirados em uma espécie de porão do Barbazul, à espera de serem resgatados e salvos por um encontro. Então, senti, refleti e reparti com Laura o que vinha pensando

---

[2] como citado em Simone de Beauvoir, 2015.

sobre a aproximação entre psicanálise e espiritualidade a partir daquele novo e possível forte ponto de aproximação à vista.

Havia, sim, proximidade entre ambas, mas ela dependia do tipo de aceitação a que Laura se referia. E, para nós, havia bastante material. Dias antes, lamentava-se por não ter podido expressar ao irmão a raiva que sentia dele pelo comportamento em relação a ela e aos pais. Semanas antes, reclamava da frustração de ter vindo à sessão tão somente pelo receio de se sentir criticada por mim caso não viesse, quando o seu desejo maior era ter ficado mais tempo com o namorado.

Havia, portanto, uma bifurcação no sentido das aceitações. Uma levava à submissão. Ao irmão, a mim, aos pais, à vida, não necessariamente nessa ordem. A outra levava à aceitação de seus sentimentos, incluindo os mais difíceis, entre os quais uma raiva que ela ou algo dentro dela não aceitava. Portanto, de que aceitações nós estávamos falando?

Laura não respondeu na hora, mas, quase ao final da sessão, conseguiu expressar um desagrado comigo que vinha agora dela mesma, mas também já tinha vindo de outros. Tratava-se de um ruído desagradável que eu produzia com os dedos na caixa de lenços na mesinha à minha frente, especialmente em algumas situações contratransferenciais de ansiedade, que eu agora precisava conhecer melhor para enfrentar.

Acolhi o seu desagrado e fiquei de rever. Eu o revejo ainda. A aceitação ou a elaboração daquilo também aproximava psicanálise e espiritualidade porque Laura e eu experimentamos um prazer intenso, proveniente de um *insight* ou de um verdadeiro *turning point* de uma análise.

Valia o mesmo para o seu conceito de realidades paralelas, sobre o qual discorreu ao longo de muitas sessões e o qual, um dia, eu considerei altamente psicanalítico. Na ocasião, ela expandiu-se em ótimo nível, e interpretei como pude:

> – Chegaste com uma angústia ligada a um medo tal. Uma coisa reta e fechada. Depois de muito trabalho, esta bifurcou-se em muitas possibilidades, não necessariamente as mesmas. Ou seja, realidades paralelas.

Insight, turning point, realidades paralelas ou simplesmente um momento de nirvana. O que importa o nome de um conceito diante de uma vida que brinca e se expande por todos os lados?

23
A CLÍNICA NA INFÂNCIA
E O PODER – MÃEDICINA

> Ora, pensamentos que se desenvolvem são pensamentos que se impõem pela ordem na qual se desdobram, e essa ordem, em primeiro lugar, não é nunca puramente intelectual, mas necessariamente política em sentido amplo...
>
> Maurice Blanchot

> Não apenas o que existe.
> Também o que não existe
> somos.
>
> Carlos Nejar

Já tinha lido em Foucault a respeito disso. Também em Hegel e em Marx, especialmente quando outros autores abordaram o cruzamento da psicanálise e do marxismo. Ou, mais precisamente, da psicanálise e da cultura

(Rouanet, 2001). Mas hoje eu o vivi pessoalmente na quase solidão do consultório, onde as marcas do coletivo parecem pouco evidentes, ainda que entranhadas em cada demanda e embate, na busca de compreensão e crescimento. Aquela mãe disse, sem disfarçar a frustração, que não continuaria o tratamento, pois eu não estava disposto a medicar o seu filho. Longe de ser a primeira vez que aquilo acontecia; perto estava de tantas outras vezes mais recentes, e foi justamente essa repetição que criou uma espécie de clima ou de cultura para pensar.

Eu realmente não pensei nem senti que o seu filho precisasse ser medicado. Às vezes, penso e sinto que precisa medicar, quando a intensidade do sintoma e o grau de sofrimento é tamanho que o encontro se torna impraticável. E, mesmo assim, encaro a medicação mais como uma abertura para a possibilidade desse encontro; ele, sim, pode ser um medicamento mais eficaz, a longo prazo, do que uma resposta rápida para a atenuação da dor.

Já escrevi um livro chamado *Mais relato, menos metapsicologia*, defendendo a hipótese de que, volta e meia, abusamos da teoria e menosprezamos a importância de um encontro empático e narrativo. Conceito, remédio, tudo conspira diante da consciência de uma dor.

O trabalho de um psicanalista ocupa com frequência a contramão da medicina, em seu cenário contemporâneo, já que estamos menos interessados em abafar a dor do que em criar condições para suportá-la. Acreditamos que ela é inevitável, e até mesmo necessária, quando se trata de apego, desapego, autonomia, simbolização, conteúdos de um cenário de amor e ódio, vida e morte, enfim.

Venho sentindo, em meu trabalho cotidiano com crianças, que estamos embotados por certa ideologia. Aqui, aparece o pior de nossa cultura, que, apesar disso, não é inferior ou superior a outras, incluindo as que vieram antes dela. Estou me referindo ao desamparo, desde onde e quando é inevitável até o momento em que é acelerado por uma comunidade esvaziada de relações afetivas mais verdadeiras e atrelada a valores superficiais de consumo, desenhando as tortas linhas de uma nova infância, marcada por interações menos sólidas. Ou mais selvagemente capitalistas (Rancière, 2012). Ou mais líquidas, como vem se referindo parte de uma sociologia que leva em conta alguns elementos do poder e da psicanálise (Bauman, 2007).

Parte essencial da medicina contemporânea aparece envolvida nisso. Precisamos da medicina e vemos, todos os dias, o quanto uma medicação (psiquiátrica, inclusive) pode ser decisiva no rumo de um caminho mais autônomo e criativo. Não se trata de propor uma antipsiquiatria, ao modo de Laing (1972), ou uma antimedicina radicalmente curandeira que negue o quanto uma endoscopia é um recurso valioso na prevenção e no tratamento de transtornos que podem ser graves ou até mesmo letais. Mas vemos o quanto, volta e meia, perde-se a mão. E explode o exagero da disseminação de tarjas pretas ou a indústria branca de exames e procedimentos que parecem menos a serviço de promover a vida do que, além da ancestral utopia de viver sem dor, de reproduzir à sua maneira o desamparo, garantindo o interesse e a riqueza de poucos diante de uma maioria desprovida de condições mínimas para viver, em meio ao abuso do poder e à voracidade desenfreada de uma selvageria, barbárie vencendo a civilização.[1] No mais das vezes, resulta em submissão no contexto – ela novamente – de uma ideologia a serviço do poder, com alguns médicos, posto que cognitivamente brilhantes, incapazes de trabalhar com mais dúvida e empatia.

Antes, na aurora da vida, o desamparo vinha de sua parte inevitável: nascer, respirar, alimentar-se fora do útero; em seguida, acrescida, e muito, pelo desamparo de uma mãe e possivelmente da mãe dela. E sucessivamente para trás, com mães que não puderam atender às necessidades afetivas de seus filhos ou transmitir uma sensação de segurança e continuidade (Winnicott, 1969). Veio de ser menor, criança absolutamente dependente.

A mãe, sem querer, ou seja, de forma não deliberada (é inconsciente), utilizou o filho para repassar as suas agruras, tendendo, em vão, a transformá-lo na mãe suficiente que ela não teve (Winnicott, 1969; Winnicott et al., 1994). Já vimos neste livro o quanto, infelizmente, as crianças se prestam para isso. E muito aprendemos, desde Freud, sobre o quanto os bebês já ocupam o papel de preencher as necessidades não atendidas de seus pais, nem que para garantir o mínimo do que podem receber deles. Tal processo, segundo o nosso livro, encontra-se em excesso na infância contemporânea, crivada de interações narcisistas desmedidas.

Haveria, aqui, uma equivalência com a postura de uma medicina que também utiliza o outro para obter benefícios pessoais; um outro já bastante vulnerável pelo desamparo primário ou materno, reativado na doença.

---

[1] Achei digno de nota que não evitei expor essa ideia em frases caudalosas, como a ideia consumista de um capitalismo selvagem – fundo e forma integrados, talvez.

Interessante observar que, em ambos os casos, esses lucros pessoais são relativos: o da mãe que obtém um alívio provisório, mas perde a sua verdadeira condição materna junto à felicidade do seu filho; e o da medicina que lucra concretamente, mas perde as condições de desfrutar do lucro, o que só poderia fazer em uma sociedade mais segura e sustentável. A saúde, tal qual uma criança, não existe sozinha (Winnicott et al., 1994).

A mãe conta com o seu poder materno, naturalmente adquirido e dado como incondicional até que um sintoma (a drogadição, por exemplo) o questione. Já a medicina conta com o poder da ciência, dado como absoluto até que culmina em protocolos seguidamente pouco humanizados e sempre questionáveis, pois o próprio tempo os substitui por outros igualmente utilizados de forma lucrativa ou abusiva. Sobre o tema, há reflexões agudas de um psicanalista, que as denominou "metapsicologia do cuidado", demonstrando o quanto, hoje ainda, nossos cuidadores andam um tanto desprovidos dessa capacidade de acolher (Figueiredo, 2012).

Voltamos à dialética. Longe de ser o caso de fugir dos protocolos seriamente construídos, apesar da ideologia em torno deles. Longe de não se valorizar a importância do rastreamento de mamas, próstatas, intestinos. Trata-se de apontar exageros, especialmente aqueles que perdem a noção de que intestinos, próstatas e mamas fazem parte de um ser humano que, entre o corpo e a alma, sente prazer e dor e necessita de diversão e trabalho, de amparo e autonomia. E dor, prazer, necessidade de amparo e autonomia precisam dizer e ser escutados, o que já não é possível com o exagero da medicação ou do protocolo, em meio ao excesso de exames e procedimentos.

Mãe e medicina são humanas. Abarcam o bem, o mal e, em sua maior parte, as nuanças menos definidas entre eles, de um complexo mais ou menos. O mal, humano, demasiadamente humano, não costuma ser premeditado (consciente). Ele tão somente abusa com frequência do poder, ocupa a cena com a sua ideologia e, em vez de amparar, desampara novamente, deslocado, transferido. E, em vez de atender, desatende, no ritmo de um eterno retorno, já tão bem descrito pela filosofia e pela psicanálise. É quando mãe e medicina se revezam em ferir os nossos tesouros maiores: a capacidade de pensar, sentir e viver de forma mais ética e independente.

Eis a luta com aquela família para não medicar o filho, não porque eu podia, mas porque devia. Tendemos à independência relativa e ao crescimento, depois de muito embate poético e narrativo. Tendemos à integração e à melhor convivência com a dor, depois de muito embate narrativo e poético. Basta um pouco de mãe. Basta um pouco de medicina. Quanto ao muito que falta, é o que hoje costuma comparecer em nossos consultórios de psicanalistas da infância.

24
AS METÁFORAS NA CLÍNICA – FAZ TUDO, FAZ NADA

> Assim, a obra literária aparece como uma restauração da psicanálise, porque se desfez da preocupação da demonstração teórica.
>
> André Green

Para o Elvis

Há um abismo entre o Faz Tudo e o que faço. Às vezes, parece intransponível, e, até o momento do desenlace, transmite-se uma sensação de inferioridade minha em relação a ele. Relato: de repente, a porta de casa não abre. Já era difícil chegar até ela porque a luz do corredor apagou e não acendeu mais. Assim que chamado, o Faz Tudo não demora a chegar. Ele ouve atentamente a história e, como quem olha de verdade ou cheira com empatia, vaticina:

– Defeito elétrico na central do condomínio!

Não hesita em palavra nenhuma e já se prepara para agir. Aí, corrige o defeito na central do condomínio, a porta volta a abrir, e faz-se a luz no corredor. Ele ainda aumenta a minha autoestima dizendo que a culpa não é minha, mas das complexas lâmpadas contemporâneas: – A luz, meu caro, já foi mais simples.
Saio sem culpa e mais iluminado. Pouco tempo depois, estou ouvindo uma criança que me conta tangencialmente uma dor profunda, não brincável ainda. Tenho a atenção do Faz Tudo, o seu olhar verdadeiro e a sua empatia na escuta. O que ouço parece vir da alma e ter a ver com a mãe. E vem. E tem. Mas nada do que eu diga repercute. E pouco fazemos além de estar juntos ali, contar e ouvir, em busca de poder brincar.[1]
Somam-se aos meus diagnósticos novas e infinitas conexões. Dias e relatos se sucedem, tudo se aborda, pouco se esconde, e, a rigor, nada se faz, a não ser continuarmos ali, disponíveis para aquele encontro. Os escuros principais persistem. É breu contemporâneo. A porta abre, a porta fecha, a luz acende e apaga, e continuamos. Eu e a criança. Eu e os pais da criança.
Enquanto isso, em casa, a máquina de lavar estanca. O painel aceso pisca as luzes sem parar, como um letreiro de neon na rua, mas a geringonça não funciona mais. Penso se precisarei trocar a máquina ou se terei de chamar a assistência técnica. No desespero, ocorre-me até a hipótese de comprar roupas novas. E, como há entre mim e o Faz Tudo uma relação de confiança, eu o chamo. Assim que chamado, ele não tarda a chegar. Ouve atentamente o relato e, como quem olha de verdade ou cheira com empatia, vaticina:

– Vamos desligar o disjuntor e ligá-lo de novo.

A vida, agora, esbanja simplicidade. Tudo está resolvido em dois apertos de botão ou em uns segundos; em um recomeço; em uma hora, as roupas estão limpas, e o Faz Tudo já está longe dali para acolher outro desamparo. Ele, de fato, remete a um tempo idílico em que os pais parecem atender

---

[1] "Digno de nota,/mudei a rota/como o achado/é o perdido,//quando, ao chorares,/nada direi/de inteligente//ou decisivo//e tão somente/estarei junto/mundo no mundo//com o ouvido/bem-sucedido/de estar ali" – *Vinheta*, poema inédito, do autor.

magicamente às necessidades do bebê. E bebês, ao contrário dos mais velhos, são eternos, pelo menos internamente.

Dias depois, retornam os imbróglios da casa, em repetição ritmada. A caldeira não funciona, o banho está frio, mas o Faz Tudo é um winnicottiano e vasculha a influência do ambiente. Duas perguntas depois, em sua detalhada anamnese, descobre que o vizinho do andar de cima consertou um cano e que o cano consertado estragou a caldeira, sujando-a. Em simbólicos quarenta e cinco minutos, desmonta a caldeira e limpa a placa-mãe (sempre a mãe), e volta o calor das águas.

Enquanto isso, eu sigo olhando com atenção e ouvindo com empatia as dores que parecem vir da alma de crianças tão pequenas. E fazendo nada de grande, além de continuar ouvindo e brincando ao longo de dias, meses, anos a fio. No fio da navalha. No limite da angústia. Na esperança do encontro. No miolo da tristeza, lá onde uma análise acontece e é verdadeira, ao contrário de momentos morosos e aparentemente calmos que a antecederam. Eu e o outro, o outro e eu, mais a solidão e a multidão dentro de nós.

Mas, de repente, em pleno encontro, uma verdade possível é dita. Brincada. Ouvida. Um imbróglio da vida é relatado, compreendido. E transformado. Um sentido novo e melhor aparece. E, ainda que permaneça um clima de nada estar sendo feito, isso faz toda a diferença.

25
CONSIDERAÇÕES SOBRE A TÉCNICA NA PSICANÁLISE INFANTIL

> A psicanálise é uma meditação sensual, compartilhada.
> São as peripécias de um encontro íntimo.
>
> Emílio Rodrigué

Parece tão simples o trabalho do Faz Tudo, mas não é. Nem quando faz o conserto da porta emperrada, o que fez toda a diferença agora que ela abre e fecha sem ranger muito. Mãos, ouvidos, o corpo todo agradece o final daquele barulho e a perspectiva de uma nova melodia. Janelas costumam ser mais agudas, mas uma porta, às vezes, é o de que mais precisamos, inclusive para aceder a janela.

Aparentemente, ele utilizou só dois instrumentos, martelo e chave de fenda. Não é visível a participação do seu passado e de todas as outras portas (janelas) consertadas por ele no presente por meio da criatividade para reparar uma única porta. Às vezes, o Faz Tudo consulta um tutorial na internet, mas raramente o vemos com mapas pormenorizados. Lembra o psicanalista que percorre todos aqueles volumes da metapsicologia, embora estes não estejam com ele na hora agá do encontro. Essa hora é sempre nova e, de certa forma, reinventa a metapsicologia: "Toneladas de teorias não substituem a intuição".[1]

Também não é simples o nosso trabalho quando aparentemente utilizamos só dois instrumentos: no caso geral, a transferência; no particular, o acesso à poesia. Desde o primeiro encontro, com a porta quase fechada, a jovem mulher deixou claro que não seria fácil abri-la. Desde a infância, não se viam rastros do poético em suas interações familiares e, portanto, uma prosa eficiente que pudesse contá-lo. Transferia uma criança maltratada, desde antes de nascer. Uma criança que poucas vezes foi atendida na necessidade de ser ela mesma, o que não seria possível diante de pais que, consumidos pelos seus próprios pais, nunca puderam dizer "Este é o meu bebê", o que costuma ter a terrível consequência de o bebê crescido não poder dizer "Sou eu".

Ali, estava o palco do nosso cenário, pouco afeito ainda a interpretar. Qualquer descrição antecipada da porta seria anódina, artificial, sem janelas à vista. Tratando-se de uma criança transferida, volto a pensar na pertinência do título *A nova infância em análise*, mesmo quando evocamos vinhetas de adultos.[2]

A transferência costuma ser a de uma criança. O trabalho parece simples, como o do Faz Tudo ou do poeta Mario Quintana, chegando a um verso tão claro como a água de beber. Ou do marido de Agatha Christie,[3] descrevendo o método de trabalho da esposa como o deslocamento de folhas em branco de um lado a outro da mesa, passando por uma máquina de escrever. Mas até tornar-se cristalino, o verso do poeta Quintana passara por águas muito turvas que não vemos a olho nu e envolvia toda a sua história de leitor vivente. O mesmo vale para a narradora Agatha, diante do humor de seu marido. Encontrar a criança da mulher transferida suscitava-nos reencontrar maus-tratos, suportá-los, vivê-los, revivê-los. Seguimos em curso, à cata de frestas solares; esse é um caso inacabado e, de tão verdadeiro, sem final feliz. Um analista precisa aceitar que a falta de

---

[1] Carlos Nejar como citado em Jablonski, 2020, p. 36.
[2] Alba Flesler (2012), analista com larga experiência com crianças, enfatiza que o objeto da psicanálise é o sujeito, independentemente de sua idade.
[3] Relato oral, não publicado.

finais felizes é usual na vida e na análise, mas que nem por isso elas deixam de ser felizes, ao longo de suas durações, em especial se comparadas ao que foi antes delas ou, pior ainda, ao que seria sem elas.

Às vezes, sonho com essa mulher e acordo com uma imagem que rarefaz o pesadelo. Como a da persiana com um buraquinho ínfimo, e o sol valendo-se dele para iluminar o quarto. Na semi-vigília das sessões, catamos a fresta, o que passa por estarmos juntos, não dizer, aguentar, fazer um pouco melhor do que fizeram, perscrutar o que puderam fazer por ela até o dia de poder dizê-lo. E aqui não há rastro de protocolo: depois de calar, terei de dizer do meu jeito; teremos de dizer do nosso jeito até que ela o diga do seu – a cura. E tantas vezes eu já o disse sem arte (Aulagnier, 1979), porque não é fácil sair de uma ou de duas violências anteriores – elas se somam ao adentrarem áreas tão cruentas.

Transferência e poesia à vista, como o martelo e a chave de fenda do Faz Tudo, era o que retirávamos da nossa caixa de ferramentas. Parece simples, mas não é. Estamos falando de técnica, e há uma hora em que a técnica, em meio a tantos gênios predecessores e métodos já testados, reinventa-se. É a hora das transferências da infância, embora sempre novas, instigantes, aparentemente intransponíveis como um poço, um labirinto para nós que, além de arqueólogos, somos escafandristas. E, muitas vezes, nos falta o ar. Resfolegantes, seguimos, nos casos mais felizes, perguntando-nos onde está a fresta.

Ontem ainda, dois dias depois da réstea de sol ao despertar, consegui fazer um poema:

> A sua morte
> É persistente.
> Parece errática
> E, embora sendo,
> Tem uma estratégia
> Dos anos não vividos,
> Fora de doenças, vazamentos,
> Encontros sem força de transmissão.
>
> Só tenho a minha vida para defender-nos
> E a minha vida também não é mais ingênua e
> Sabe que, nesta hora, palavras rareiam e nem importam,
> Então joga silêncios, olhos, colos, peles no sentido figurado e

Uma pá
De artes
Bebês.

Chamei de *A luta* o poema. Há dias, penso na imagem de artes-bebês e sinto que precisamos mudar o rumo. Não se trata de uma criança transferida, mas de um bebê; o furinho, senão mais embaixo, é antes. Acho que toda psicanálise da infância – a adulta, idem – é também uma psicanálise do bebê.

Dizê-lo cruamente para ela seria uma violência, então continuo em silêncio, sonhando junto, fresta por fresta.

26
PSICANÁLISE E ESCOLA: REPRESENTAR É PRECISO

> Permítaseme una indiscreción:? Cómo puedo interpretar un juego si yo no juego?
>
> Eduardo Pavlovsky

> Es allí, en el mismo terror de mi soledad, de donde surge lo más vital y lo más intenso en mi vida.
>
> Eduardo Pavlovsky

Um amigo escritor[1] publicou uma novela sobre *bullying* e outras violências escolares, incluindo o tema do excesso nas redes sociais. É um escritor de mão cheia e ótimo fabulador. A novela foi adotada por uma escola

---

[1] Luís Dill, 2019.

interessada na boa causa da literatura e seus ótimos efeitos. Mas a escola, que é merecidamente bem reputada, encontrou dificuldades com os pais dos alunos.

Os pais dos alunos, com as melhores intenções parentais, acharam o conteúdo do texto pesado, e a forma de sua expressão, violenta. Esboçou-se uma censura às palavras do meu amigo. Censurar, aliás, anda em pauta e, aqui, parece misturar-se com os ideais malogrados. Convém lembrar que censuras atentam externamente contra a saúde da democracia e, internamente, a favor das neuroses. A liberdade costuma ser mais difícil e mais saudável.[2]

Quanto aos alunos, todos do ensino médio, quando alertados sobre o teor supostamente terrível do que estavam lendo, riram muito das reações de seus próprios pais. Referiam-se à novela como uma "novelinha", não pela qualidade estética, que eles consideraram elevada – a escola sempre procurou sensibilizá-los para as artes –, mas pelo conteúdo, o qual acharam demasiadamente leve.

Lembrei-me de quando o psicanalista Bruno Bettelheim (1976) publicou o clássico *A psicanálise dos contos de fada*, um estudo sobre a importância das histórias infantis na vida emocional das crianças, e encontrou as mesmas resistências em pais e educadores. Foi preciso aguardar alguns anos para que o livro encontrasse o seu merecido lugar ao sol de ser lido.

Pouco tempo depois, outra psicanalista, a Maud Mannoni (1979), assegurou que as cenas de violência das fantasias que ocorrem dentro da cabeça de uma criança superam qualquer roteiro prévio de contos de fada, incluindo lobos engolindo moças, gigantes devorando moços, bruxas comendo criancinhas.

Quanto às narrativas atuais, independentemente de seu veículo, elas seguem pondo em cena conteúdos necessários, como a oferta de representações para os nossos não ditos. Precisamos dizer o não dito: "A partir do momento em que algo foi falado, não se regredirá jamais a isso" (Dolto, 2018, p. 27).

Precisamos brincar com o arcaico. Para isso, nós criamos e analisamos. E basta apontar os olhos a qualquer filme de aventura ou série do Netflix para concluir que, em relação a eles, as narrativas escritas andam até

---

[2] "E talvez a arte tenha um lugar fundamental no desafio da construção e da transmissão de tais dispositivos discursivos. Não é por acaso, neste sentido, que ela vem sendo vilipendiada pelo discurso da intolerância política e religiosa" (Rivera, 2020, p. 39).

brandas demais. A nossa vida arcaica e primitiva, essa que analiticamente vasculhamos nas crianças e nos adultos, comparece em diversas telas, com direito a cenas mirabolantes e efeitos especiais ou simples. Já há consenso teórico e clínico de que precisamos disso para viver melhor.

A brandura de uma história imaculada não interessa a ninguém, a não ser à inútil fantasia dos pais de que podem gerar filhos inocentes, privados de sexualidade e violência de pequenos atos ou grandes pensamentos. E, assim, viver em uma espécie de bolha, realizando o desejo narcísico desses pais (Freud, 1914/2004), produzindo o que a nossa hipótese inicial chamou de uma nova infância. Elevados teores de narcisismo marcam o ambiente dessa suposta nova infância, comprometem o futuro do planeta e demandam narrativas cada vez mais contundentes para nos depurarmos e alcançarmos alguma sobrevivência pessoal ou planetária.

Isso é impossível de fazer cruamente na vida, em se tratando do gênero humano e seu mundo mental repleto de dores, tristezas, ambivalências, efemeridades em busca de serem ditas. Então, a arte precisa existir e ser eficaz na representação da sexualidade e da violência – do amor, da ternura e de todo o resto – para que nos ajude, desde a infância, a elaborar os temas humanos, incluindo a morte, e vivê-los da melhor forma possível.

A nossa salvação não parece estar no ideal ou na utopia. Ela parece a simples complexidade de poder dizer: "Se falarmos como pudermos,/ seremos o que quisermos".[3] A nossa salvação é o símbolo que, ao contrário da repetição, é sempre novo. Por isso, a arte e a psicanálise são valiosas e andam juntas para se candidatarem a nos salvar onde é possível.

Os alunos leram a novela. Os pais daquela escola puderam rever, nem que em parte, os seus conceitos, em meio a seus sentimentos. O meu amigo também. Sempre mirando a importância da imaginação para o desafio de enfrentar a realidade, ele agora promete uma novela com muito mais sexo e sangue, a fim de que as suas narrativas sejam ainda melhores para a nossa saúde.

---

[3] Armindo Trevisan, 1973, p. 52.

PARTE 5

DEPOIS, A CLÍNICA ANTES DE TUDO

27
O TEMPO NA PSICANÁLISE – POIS É, POIS FOI

> E sei
> Que cérebro eletrônico nenhum me dá socorro
> Com seus botões de ferro e seus olhos de vidro.
>
> Gilberto Gil

– Pois é.
– ....
– Pois é uma merda não ter sido valorizada pela mãe.
– ....
– E o Cristian não me valoriza, e eu fico nessa, um chove e não molha, um não fode nem desocupa a moita.
– ....
– ....

– Eu acho que a mãe não ter te valorizado foi uma merda. Hoje poderia não ser. Ou poderá amanhã. Hoje a merda é o Cristian não te valorizar como mulher. E tu dependeres da valorização da mãe, por meio dele. E o mundo inteiro ser para ti essa mãe que não te valoriza.
– Pois é.
– ....
– Pois é não. Pois foi.
– Pois é.
– Foi.
– É.
– Foi.

Na semana seguinte, ela pôs o Cristian contra a parede. Ou chovia ou fodia, usando o seu/o nosso vocabulário, onde foder, ao contrário do senso comum, era brincar, amar, vincular-se como o Macunaíma.[1]
Não choveu nem fodeu.
Hoje, ela está com o Mariano. Ele a valoriza bem mais do que a mãe e o Cristian. Tiveram recentemente um impasse, e resgatei esse diálogo para ela. Nós o fizemos brincando com as palavras, endereçadas a analisar a sua criança sedenta de brincar para compreender-se. Ela comentou, brincando ainda:

– Pois foi, né? Mas não é mais...

Sem conter a ânsia lúdica, eu perguntei de novo:

– É o que?
– Nem sei.
– Mas é?
– Não é mais.
– Pode ser. Pois foi.

E gargalhamos juntos daquele jogo verbal diáfano, mais verdadeiro do que a própria carne da realidade.

---

[1] Personagem de Mário de Andrade.

28
CONSIDERAÇÕES SOBRE A INTERPRETAÇÃO

> She comes and goes.
>
> The Rolling Stones

Como em qualquer tentativa de expressão utilitária, por mais lúdica que seja, costuma haver premissas nos textos analíticos. O nosso capítulo, por mais que sonhe com alguma originalidade, não foge à regra e tem as suas.

De premissa clínica, localizo a observação de que nossos casos podem ser longevos se assim o formos, na análise e na vida. Daí, entre outros, o cuidado ao fazermos as avaliações, já que podem redundar em compromissos de muito longo prazo. De uma vida inteira.

De premissa teórica, localizo Winnicott em suas explorações psicanalíticas, avançando o contexto freudiano da interpretação, repartindo-a bem mais com o paciente – a criança, inclusive –, estendendo o trabalho a ele, senão o entregando inteiramente, com repercussões técnicas entre o verbo e o silêncio. Trata-se de um verdadeiro trabalho de contenção para expandir à la Esther Bick (Williams, 1986), que tanto aprendeu com a observação dos bebês, oferecendo por um tempo a própria capacidade de pensar e confiando muito na alheia.

Ela e eu já éramos longevos, em sua análise. Chegara aos 15 anos, no auge de uma crise adolescente, e agora passava dos 30: mãe, casada e empreendendo em um ramo promissor. Contava-me uma história que, por mais estranho que pareça, não vem ao caso, senão que me contava pela vigésima vez. O que chamava mesmo a atenção era transmitir-me a ideia de que nunca a tinha contado ou, mais significativo ainda, de que eu não teria a ouvido com o devido cuidado.

Assinalei para ela. Rebateu-me que eu tinha todo o direito de me esquecer de uma história ou de até mesmo não prestar atenção em uma delas por algum momento. Não era Deus, não era perfeito. Então pensei que, às vezes, a ausência (o negativo) é o ouro desse trabalho, conforme aparecia em nossas entrelinhas.

Àquela altura, ela já havia de fato elaborado muito as minhas falhas e, portanto, a de seus pais. Mas aquele traço atravessara décadas, embora estivesse arrefecido. Volta e meia, voltava a espiar como agora, quando se voltava mais para o outro do que para si mesma. Conhecíamos o efeito nefasto disso em sua vida. Penso que uma vida ou uma análise miram restabelecer a ordem natural dos focos do outro para si mesmo.

Poucas frases depois, falou-me sobre como o pai lidava com a própria raiva e o quanto, enraivecido, era capaz de permanecer dias ou semanas sem falar com ela. Aquilo foi mesmo incrível, pois, em quase duas décadas, nunca tinha me contado. Ao mesmo tempo em que eu pensava na dificuldade de certos relatos virem à tona, mesmo depois de tanto tempo, assinalei para ela o ineditismo do discurso.

Ela logo associou com a história anterior, aquela que repetia, fazendo, então, a primeira interpretação certeira e ritmada da sessão. Depois, o patamar de produção psíquica diminuiu um pouco; ela disse-me algo, eu também disse, mas nada que tenha o esplendor do que dissera antes e, sobretudo, do que viria a dizer logo em seguida, ao interpretar:

– Quando me encolho para a minha sócia e me submeto a seus caprichos ineficazes, não estou com medo de perder a sociedade. Não seria catástrofe nenhuma. Sou jovem, do ramo, faria outra talvez ainda melhor com outra sócia.

Estou, nessa hora, é com medo de perder o meu pai. Isso, sim, deve ter sido uma tragédia que experimentei logo depois que nasci.
– A tua interpretação é excelente e deixou no chinelo tudo o que eu disse até então.

Tínhamos intimidade e vocabulário próprios para falar naquele tom e, inclusive, para rir juntos como rimos. Rindo ainda, ela acrescentou:

– Hoje estive baixando as obras completas do Freud para uma amiga. Ela só tinha em CD, mas os computadores não comportam mais CDs, e ela pensava que precisaria aposentar o velho *notebook*. Vai ver que, baixando para ela, Freud entrou em mim por osmose.

Os risos se transformaram em gargalhadas, e, no meio de uma delas, ela lançou-se de novo, com todo o esplendor ainda:

– Se interpretei melhor do que tu, deve ser porque andas lendo pouco as obras completas do Freud. Posso mandá-las para ti também...

A gargalhada compartida prosseguiu. Em meio a ela, pensei no quanto estava certa. Não em que eu não estivesse relendo o Freud, minha leitura aguda e crônica de repetição e novidade, mas sim no quanto eu andava mais entusiasmado com a ideia da interpretação em Winnicott e em outros filósofos, na premissa de deixá-la para o paciente:

Nem o mundo nem o homem são suscetíveis de uma exegese definitiva, não podem ser lidos de uma vez por todas; seu sentido é inesgotável, seu mistério infinito. E, talvez, a esse infinito se possa chamar interpretação, leitura (Larrosa, 2006, p. 28).

O próprio Winnicott, certa vez, expressou o orgulho de, ao longo dos anos, ter deixado de ser inteligente. À noite, quando abri o meu *e-mail*, havia um *link* mandado por ela com acesso às obras completas do Freud, seguido de um kkk.

29
A LONGA CLÍNICA
EM BREVES RELATOS

> A grande literatura nos limpa da realidade crua.
> Miguel Sanches Neto[1]

1-

— Tu és a única pessoa adulta que brincou comigo – disse-me o adolescente, a quem eu atendia desde a infância.

---

[1] Jornal Rascunho, 2020, p. 19.

Referia-se, sobretudo, ao jeito frio e pouco lúdico da mãe. Era um avanço, senão a cura, ele poder falar sobre isso. Depois de muito trabalho, quando ouvi a observação novamente, eu comentei:

– E ela é a única pessoa que te trouxe até mim.

2-

À sua chegada, a depressão era tão intensa que não se via o surfista que havia dentro dele. Depois se viu e enxergou o desejo de conhecer a onda gigante de Nazaré. Quando conheceu, voltou para contar e não veio mais. A psicanálise já havia se tornado pequena para ele.

3-

Senti na hora que havia uma cumplicidade entre nossos olhares, diante de seu relato sobre a festa que estava para começar. A cerimonialista por ele contratada expressava um cansaço e uma satisfação que me tocaram. Naquele dia, eu havia sentido algo parecido: depois de anos de enfado com esse analisando, eu experimentava, há poucos meses, um enorme prazer de estar com ele, acompanhado da sensação de que o trabalho, ainda que interminável, estava terminando. Eu sentia, como a cerimonialista, um contentamento estranho de quem aprendeu a ser feliz ao suportar as agruras da preparação de uma festa e retirar-se no momento em que o outro já pode festejar sozinho.

4-

A Andréa, já uma adolescente, em análise desde a infância, avisou que tinha uma pergunta engasgada há muitos anos:

– É normal que eu tenha sempre me identificado com a vilã, ou é coisa de louca?
– Penso que as vilãs te encantam, não pela maldade, mas pela liberdade de fazerem o que desejam, sem se preocuparem com o julgamento dos outros.
– Pois é. Antigamente, eu não tinha a liberdade de fazer essa pergunta.

– Nem eu a de responder – respondi, lembrando-me dos vilões que me encantaram.

5-

Maud Mannoni (1986) escreveu um belo livro, no qual valoriza a primeira consulta com uma criança em psicanálise. Winnicott (1984), de certa forma, com as consultas terapêuticas, segue o mesmo rumo. De fato, não é incomum que, no primeiro encontro, a gente perceba o que se passa e o que falta a quem nos procurou. E que possa até dizer. Mas, por não acreditarmos muito em remédios e, menos ainda, em milagres, dedicamo-nos a uma análise que é passar anos e anos repetindo, em jogos e palavras, aquilo que já sabíamos desde a primeira vez.

30

FILOSOFIA E PSICANÁLISE INFANTIL – DE COMO A ANÁLISE PODE TORNAR UMA CRIANÇA MENOS MUDA

> Dispomos somente da narração não confiável deles.
>
> James Wood

Organizei este relato em torno da memória de algumas afirmações e de uma pergunta no clima filosófico daquele menino de 8 anos. O clima gerava narrativa e a sensação prazerosa de que uma análise pode tornar uma criança mais filósofa, no sentido socrático de capaz de perguntar. De pensar, enfim, sentindo.

A afirmação tinha a ver com Ramiro sentir orgulho de que a lousa pregada na parede tinha sido ideia dele. E tinha sido mesmo. Ficava antes no chão, o que a fazia deslocada e menos convidativa na oferta da opção de desenhar. Ao dar-se conta, ele já tinha filosofado sobre isso – e muito bem –, o que me fizera pregá-la na parede. Ao mesmo tempo, sugerindo que nada é anódino no ambiente terapêutico, onde tudo aguarda por seu símbolo, ele se sentia compelido a aproveitar mais a lousa, mesmo quando não queria, o que interpretei como a contaminação, na sala da análise, de uma relação autoritária que vivia com os pais. Ele concordou, expressando aquele prazer inigualável de se sentir compreendido. E acrescentou:

– Mesmo que eu não use, outros poderão usar.

Envolto na ideia da evolução na análise de uma criança como capaz de torná-la mais capaz de brincar e filosofar, ou seja, de brincar com os próprios pensamentos, mas também de pensar nos outros, munida agora dessa empatia ou daquela angústia solidária, presente desde os bebês (saudáveis), ele trouxe outro acréscimo:

– Se vier um mudo, ele pode desenhar na lousa o que sente.

Para além de sua própria ex-mudez, Ramiro me fez pensar no quanto todas as crianças são mudas diante das agruras da relação com os pais e o mundo. E o quanto brincar, jogar e desenhar – a análise – são capazes de tirá-las desse mutismo inevitável, diante de uma palavra que já pode ter chegado, mas que ainda está intimidada por um mundo adulto, brusco e incompreensível. Aqui me lembro do pai de Anne Frank revelando que só conheceu a filha depois de ler o seu diário.[1] Filosofava com Ramiro, por dentro, quando, lá fora, aportou a pergunta:

– Qual o sentido de tu ver o meu pai? E de eu vir aqui, então? Ele não vai mudar assim... E estalou os dedos.

Eu via o pai com uma pauta marcada por nós ou por ele. Que se sentia assustado de o pai gritar com ele, que se sentia triste de o pai lhe dar tão pouca atenção e até mesmo bater nele.

– Como assim, Ramiro?
– Tu achas que conversar algumas vezes com o meu pai vai fazer ele gritar menos e me dar mais atenção?

---

[1] Comunicação oral não publicada.

As perguntas, com ou sem respostas à vista, apontavam o alto teor de sua capacidade de filosofar em torno da verdade, o que incluía, feliz e infelizmente, topar com limites da realidade. Claro que aqueles encontros esporádicos com o pai não fariam grande coisa. O pai precisaria fazer a sua própria análise e deparar-se com seus pais, lá onde antes faltou jogo, desenho, brinquedo para mediar amor, empatia e, depois, filosofia. E, sobretudo, lá onde sobrou violência:

– Tu tens razão, Ramiro. Dificilmente, vindo aqui de vez em quando, o teu pai vai mudar assim... E estalei os dedos, imitando o seu gesto.

Então, houve um silêncio, desses difíceis e prolongados que costumam anteceder ou suceder os melhores momentos de uma análise, diante de uma dura realidade em que nos questionamos se não fomos afetados contratransferencialmente pela violência e se estivemos bruscos ao desiludir. Ou, pelo contrário, se estamos completamente presentes no amparo da descoberta de uma falta. E uma análise, afinal, é feita de pequenas coisas valiosas. Muitos pensamentos, sentimentos e até mesmo frases inteiras se produziam dentro de mim. Mas quem falou foi quem tinha de falar, ou seja, Ramiro, largando a bola com que brincava desde o começo dessa passagem:

– Pelo menos eu posso vir aqui e não ser mudo.

A frase firme e sentida era maior e melhor do que qualquer outra que eu pudesse enunciar. Como a síntese de um verdadeiro filósofo, ela alcançava o estatuto de representar o tratado de todo o sentido da análise de uma criança ontem, hoje e, talvez, sempre. Mas, antes mesmo que eu pudesse comentá-la, Ramiro foi para a lousa e começou a desenhar.

31

O ESPAÇO DA ABSTINÊNCIA NA TÉCNICA DA PSICANÁLISE COM CRIANÇAS

> A psicanálise tem sua própria técnica de meditação, na qual tudo flui no universo da associação livre.
>
> Emílio Rodrigué

A abstinência (Freud, 1915/1996g) segue firme como carro-chefe da técnica analítica, no quanto favorece o processo como um todo. Ela permanece mais controversa junto a crianças, em que um ambiente de prevalência pré-verbal sugere que mais se esteja com (Stern, 1997) do que se atente a questões da técnica estrita, especialmente no primeiro momento, o que poderia atrapalhar o favorecimento de um ambiente melhor, objetivo também almejado por toda análise, pelo menos pós-Winnicott.

No entanto, a meu ver, a abstinência ainda pode ocupar um espaço interessante com as crianças. Marina, filha única, tem 7 anos e vive o divórcio turbulento de seus pais. Seu ambiente é tóxico, pois ela é feita de moeda de troca e utilizada na projeção da angústia de abandono desses pais. Um dia, enquanto desenha uma casa onde todos vivem juntos em perfeita harmonia, ela me pergunta:

– Teus pais já se separaram?

Silêncio.

– Hein?
– Mais do que te responder, acho importante saber por que queres saber.
– Teus pais já se separaram?

Silêncio.
Marina insiste e fica irritada com o meu silêncio, o que costuma acontecer na sessão e fora dela sempre que não é atendida de imediato em suas necessidades – ela que raramente vem sendo. Pais como os dela e em geral – não é regra –, especialmente em um momento de angústia, costumam suprir a falha amorosa com a falta de limites, caindo na arapuca de, no fundo, ficarem menos amorosos ainda, apesar de uma aparência solícita. Pensando nisso, não respondo e, mesmo saindo do silêncio, limito-me, sensibilizado, a dar corda para a conversa. E interpreto:

– Acho que insistes em saber se eu já passei pelo que estás passando e se posso te compreender.[1]
– Pode ser, mas eu quero mesmo saber.

Silêncio.
Marina insiste ainda e ameaça sair da sessão.

– Sabe, Marina, compreendo a tua raiva, mas eu prefiro não te responder, porque acho que vens aqui para eu te ajudar a suportar momentos em que a vida se passa de forma diferente do que gostarias, com os quais sofres muito.

---

[1] "Compreender tudo é tudo perdoar", Madame de Staël como citada em Borges, 2011, p. 37, tradução do autor.

Eu te ajudo a poder sofrer na hora, e não depois, quando sofres mais ainda.

Silêncio. E continuo:

– E, aqui, podes ser o centro do nosso encontro, junto com teus pais, e não junto de mim e dos meus, o que parece difícil, às vezes, na casa que estás desenhando.

Como em uma aquarela de Toquinho, com a atenção repartida entre as minhas palavras e o seu desenho, ela apaga um homem que estava parado na varanda da casa, na parte de baixo da folha. Ele tinha um ar seguro, acolhedor; seus óculos reproduziam os meus, e a cor da cabeleira era também igual à minha, castanha, branqueando nas pontas. Ela o transforma em árvore ou cachoeira, talvez. Como eu realmente pensava que era eu, pergunto:

– Sou eu, Marina?

Silêncio.

– Fui expulso da casa, Marina?

Silêncio.

– Deixei os outros lá dentro mais à vontade?

Ela dá três risadas, uma para cada pergunta que não responde, e me transmite a sensação de que deu um passo importante para suportar limite e abstinência. Ela foi além: aprendeu a passá-los adiante.

32

O USO DO CELULAR NA PSICANÁLISE INFANTIL

> Lady Laura, me conte uma história.
>
> Roberto Carlos

Repetimos o nosso psicodrama de quase todos os dias, mas preciso logo refazer essa frase, já que cada cena revelava as suas variantes: nova, inédita, original, em que pesem as invariantes de personagens sádicos e violentos como era, predominantemente, a relação dela com os pais e como costumava figurar, símbolo alimentado pela realidade. Nessas elaborações, já fui criança com dor nos ouvidos e na alma, de tanto grito de mãe desesperada. Também já fui mãe que lesou com gritos renitentes o tímpano de uma criança desamparada.

Agora eu era o médico de uma cena mais dramática ainda. Ela, no alto de seus 9 anos, interpretava uma irmã mais velha (14, 15 anos) igualmente gritona e violenta. Namorava um guitarrista também violento e gritão. Eu já tinha me transformado no irmão mais novo que sofria as consequências dessa difícil relação com a irmã que o acordava – a mãe, medicada, dormia – com gritos e empurrões, preparava o seu café de qualquer jeito e o obrigava a ir para uma escola onde encontrava colegas que jogavam vôlei melhor do que ele, tiravam notas melhores do que as dele e dos quais ele não conseguia se defender nas altercações do dia a dia. Ele não tinha amigos, ele vivia sozinho, e qualquer semelhança com a realidade dela não era mera coincidência. Mas, desta vez, foi diferente: em vez de acordar o irmão, a adolescente que ela interpretava tomou um porre de cerveja e tentou se matar com um corte na testa.

Ainda que as personagens continuassem em nível simbólico de atos, eu – médico novamente – pude sentir uma dor e uma tristeza enorme pela moça que eu atendia na cena. E o senti pela primeira vez fora da realidade, já que dificilmente as interpretações atingiam aquela forma dramática. Tudo me fez pensar que avançávamos mais ainda no nosso progresso de já poder interpretar personagens; afinal, houve um longo tempo em que nem isso podíamos.

Agora íamos além: um de nós já podia sentir a tristeza, o que na certa tinha um valor enorme, senão o principal que buscávamos, ou seja, a hora em que ela também pudesse sentir os efeitos de ter de lidar com a violência verbal de seus pais. Às vezes, sob um robusto corpo teórico e sob uma prática repleta de meandros, uma psicanálise na infância não passa disso: oferecer a chance de sentir a tristeza e de dizê-la depois de ser compreendido.

De pronto, pediu que eu continuasse interpretando o médico que atendia a adolescente que sobrevivera à tentativa de suicídio. Havia a menção de um corte profundo na testa, que limpei e suturei com caneta e papel antes de fazer o curativo. Mas, durante todo o tempo, chamei a atenção para a dor na alma, para a tristeza pungente que aquela menina devia estar sentindo e para o quanto tinha dificuldades de senti-la, a ponto de sedá-la com cerveja ou ver, no fim da vida, a única solução para o fim da dor.

Ela parecia aproveitar o jogo dramático; deixava-me limpar a ferida e dizer palavras alentadoras, as quais ouvia com visível prazer. No entanto, pouco tempo depois, forçou o médico a não contar nada para a mãe, que estava acordando. Em meio a um clima psiquiátrico, eu disse que tinha o dever de contar.

A mãe chegou. Ela interpretava a mãe também, o que era deveras interessante e sugestivo de uma possibilidade de não mais se identificar com os aspectos doentios maternos, de separar-se, enfim. E, alternando as duas interpretações com uma capacidade narrativa e dramática promissora para a vida em si, deu um jeito de que eu não contasse. Depois, ela voltou como ela mesma e perguntou na cena como eu me sentia.

Eu respondi que me sentia muito triste com aquela menina que sofria tanto com essa mãe que sofria tanto com a impossibilidade de falarem sobre isso. De repente, em uma intervenção que poderia parecer uma defesa hipomaníaca, mas que se revelaria logo em seguida como uma saúde, ela interrompeu a minha fala para dizer:

– Hora da aula de dança!

Aquilo, sim, parecia inédito. Ela pediu meu celular e abriu o Spotify para fazer rodar Anitta. Antes, conferiu se eu havia conservado a foto dela, a que havia colocado em uma pasta do meu aparelho, com o desejo (assim entendi) de que eu pudesse guardá-la de forma mais concreta quando ela não estivesse ali. Havia feito o mesmo comigo no seu celular e, não raro, contava que olhava para a minha foto nos momentos mais difíceis.

Em seguida, Anitta começou a cantar com beijinhos no ombro e trejeitos no corpo. Eu os fazia com a minha máxima habilidade de psicanalista sedentário. E, quando ela conseguia não rir, entrava seriamente na cena, com uma sequência de alongamentos, exercícios respiratórios e, finalmente, a parte central da coreografia.

Ali nada parecia violento, tampouco fazia eu me sentir violentado. Aquilo era necessariamente inédito. Não soava como uma desmentida do presente, mas como uma necessidade de reencontro de alguns dias felizes, como Freud (1909/1996c) escreveu a propósito dos *Romances familiares*, quando a criança inventa outros pais porque precisa se separar dos seus na realidade.

Meus pensamentos se tornavam mais otimistas em relação a ela, o que era transferencialmente alentador e me fazia valorizar o espaço da aula de dança que aqueles mesmos pais violentos haviam conseguido cavar para ela. A transferência positiva com a coreógrafa (da realidade) e com o analista apontavam para uma parte saudável de seus pais no presente e, provavelmente, de seu futuro.

Meus pensamentos apontavam para o grande objetivo de uma análise na infância, que é o de aceder a algo estético, a uma dança, um desenho, uma narração, resgatando a beleza que a saúde dos pais pôde, um dia, oferecer. O estético permite que a dor fique suportável. Confesso que a aula era fisicamente (mentalmente?) cansativa, mas a alegria de estar ali compensava. Estávamos na hora de encerrar (na realidade), mas deixei a última música – um cântico budista, proveniente de sua aula "real" – rodar até o fim, porque aquele atraso parecia oferecer um prazer pontual duradouro. Ao final, ela perguntou novamente como eu me sentia, e tentei ser bastante claro, já que agora era claro o que eu sentia. E respondi com alguma retórica que me pareceu indispensável:

– Agradeço muito aos meus pais por terem despertado em mim o gosto pela dança, apesar de a vida ter sido tão dura para eles. Também agradeço por terem me estimulado a fazer medicina, embora a medicina fosse tão difícil.

Aqui, o psicanalista da cena se confundia com o da realidade, e senti uma emoção profunda. E, falando como "mim mesmo", acrescentei: que ela imaginasse, mas estava atendendo a uma jovem de 16 anos. Ela havia tomado um porre de cerveja e tentado se matar de tanta dor que sentia, mesmo que com um corte na testa, traduzindo o desejo de continuar viva. E aquela dor dificilmente suportável havia sido transmitida para mim, e a dança a havia atenuado. Completei: aquela aula de dança era um momento de descanso. Ela me permitia recuperar certa calma e até mesmo alguma alegria. Ela me fazia acreditar que eu poderia retomar o atendimento da menina, de sua mãe e convencê-las de que era possível que se falassem sobre o que sofriam e, assim, aliviar-se, mas, se isso não fosse possível, ainda assim eu teria aquele tempo e aquele espaço da dança para encontrar alguma paz necessária para tocar a minha vida. E havia tanta coisa legal na minha vida, como os amigos, o *beach tenis*, os churrascos (ela adorava churrascos) e, principalmente, a dança e a música.

Meu Supereu logo azucrinou-me, dizendo que falei demais, que interpretei demais. Mas, alheia ao meu imbróglio, ela saiu com os passos firmes de quem se sentia melhor. E, antes de abrir a porta que ela já fazia questão de abrir sozinha, falou:

– Não esqueça de fazer os exercícios. Deixei algumas fotos para que se lembre deles.

Mal a porta fechou, conferi na tela de meu celular: lá estávamos nós dois, em plena coreografia, devidamente registrados com os movimentos soltos de nossos corpos e com uma alegria estampada em nossos olhos. Então, com vontade de chorar, eu sorri.

33
O TRABALHO ÁRDUO DA SIMBOLIZAÇÃO

> A recém-parida, se contorcendo
> em dores, lastimou a barriga vazia,
> desejando uma eterna prenhez.
>
> Conceição Evaristo

Ela tem 6 anos e muita raiva. Não a traz para as primeiras sessões, não brinca muito, e, quando brinca, a raiva não aparece. Representa, às vezes, a menina obediente – tecnicamente, dizemos sobreadaptada –, mas a raiva guardada lhe traz sérios problemas fora da análise, especialmente no colégio, onde não consegue aprender nem mesmo a ter amigas.

Ela pode entrar em diversas nosologias devidamente classificadas, mas o meu diagnóstico é mais simples e complexo: "decorrente de interações insuficientes para tornar-se sujeito de seu próprio desejo, sente muita

raiva que ainda não pôde ser dita, expressada, elaborada, transmutada em outra coisa (símbolos)".
Por isso, ela vem. Vive disso a psicanálise da infância, ontem e hoje, uma espécie de confecção de nudez para a retórica e de roupas para as raivas, entre alguns outros sentimentos desagradáveis que é necessário e saudável enfrentar. É alta costura, pois não se pode abafar com meia-sola a raiva ou outros sentimentos desagradáveis. Precisa-se contê-los, de forma apurada, não sedando, mas sim transformando a partir do encontro. Tem ainda a dificuldade ligada ao fato de que cada corpo de raiva é distinto e de que as vestes para as suas almas precisam adaptar-se. Artesanato, digno dos melhores estilistas.

Eu também vejo seus pais, com quem consigo localizar um pouco melhor o sentimento da filha. Digo "um pouco" porque a raiva vem de muito longe, e as origens já são pontos baços, meio apagados. Chegamos a duas bisavós, e o trabalho continua. Mas continua, sobretudo, com Adélia, e, um dia, brincando, ela fez a família viajar. Preparou as malas de todos, ajudou-os a entrarem no avião, em uma fila organizada (sem raiva), a sofrerem a turbulência de um longo voo e a chegarem a um lugar distante, onde pegaram táxis com muita dificuldade, pois eram uma família numerosa. Tinha tios, padrinhos e até cachorro, todos aparentemente muito calmos.

– Na França, os hotéis aceitam cachorros – disse aquela menina já mais viajada por fora do que dentro.

O problema era justo esse, o cachorro. Desde o aeroporto, ele estava muito brabo, destoando da calmaria dos demais. Rosnou, mordeu a tia, empurrou a mãe, Adélia e uma prima:

– Ele tem muita raiva e não aceita regras – dizia, depois de repetir cenas em que o bicho levava esporro de todos, mas reincidia em seguida.

A coisa foi se agravando até ficar insustentável. Estavam quase sendo expulsos do hotel que os tinha aceitado. O último recurso foi a família inteira pular sobre o cão, em uma espécie de contenção mecânica e clássica, digna de hospitais psiquiátricos.

– Acho que agora vai dar certo – disse Adélia.

Como se eu estivesse em dúvida sobre a eficácia a longo prazo do manejo, pedi licença e fui à cata de um novo personagem. Ao voltar, encontrei-a mais curiosa do que ansiosa, o que achei um ótimo sinal. Então, com um boneco de cabelos brancos em minhas mãos, eu me apresentei com muito sotaque francês; afinal, a família estava em Paris: – Sou Didier Guérrrrin e acho que posso serrrr útil. Sou especialista em cachorrrros rrrraivosos, e meu método é converrrrsarrrr com eles e com a sua família. Gostarrrria de ouvirrr a todos.

Houve uma enxurrada de risos de Adélia, pega de surpresa pela intervenção inusitada, atribuídos aos personagens que ela empunhava, até que a tia pediu a palavra. Adélia falou por ela: – Esse cachorro sofre desde o seu aniversário de 6 anos. Fizeram uma torta de morango com chantili e não o deixaram comer. Só ração. Agora, ele está com muita raiva.

O cão começou a lamber a tia, e Monsieur Didier Guérin tomou a palavra novamente: – Ele está contente e agrrradecido de terrr sido comprrrendido. Cachorrros agrrradecidos lambem muito. Eu também estou contente, mas não vou lamberrr, porrrque não é perrrmitido no meu trrrrabalho. Minha língua serrrve parrra falarrr. Não me lembrrrro de terrrr rrrresolvido um caso tão rrrrapidamente, mas acho que entendemos os motivos da rrraiva desse cão.

Estava no fim da sessão, e precisávamos guardar os brinquedos. Adélia pediu para que tivessem tempo de pegar os táxis de volta até o aeroporto. Eu a ajudei nessa espécie de arrumação e final bem lúdico. Antes de entrar no táxi, o cão mordeu a perna do tio, e Adélia me disse sorrindo: – Acho que o Didier não resolveu nada ainda.

O especialista francês não perdeu tempo: – Contem comigo. Posso irrrr ao Brrrasil ou atenderrr porr Skype. Não tenho prrressa e sei que demorrra mesmo.

O problema de Adélia nunca foi de inteligência. Ela sempre soube que uma análise da infância pode ser um processo lento. E, para se fazerem presentes, símbolos precisam pelo menos do mesmo tempo que a sua ausência levou no passado para se constituir.

34
O COMBATE À TIRANIA E A ARTE DE REINAR POR DENTRO

— Enquanto se espera, o que há a fazer? Que fazemos?
— Bem, enquanto se espera, conversemos.

Maurice Blanchot

Conheço a sua história há meses. Ela foi tratada como uma rainha. Sempre. Quase sempre, o que abria uma brecha para a sua análise. Em seus 6 anos de vida, foi atendida por fora em todas as suas necessidades. Ou quase todas. Ouviu todos os dias "Quer isso? Então toma isso. Quer aquilo? então leva", sem precisar nada trazer – sim, sim, sim, sim aos borbotões. Não, não. Um mar de sins. Tédio nem pensar, para jamais sentir dor. Nunca disseram para ela que a vida também é sacal, difícil, enfadonha. Frustrante. Trabalhosa.

Os "nãos" são mesmo raros em sua vida, uma poça, meia gota, só garimpando. Garimpá-los era a sua análise. Esse tipo de garimpo, aliás, é bastante frequente na clínica de uma criança hoje. Mas havia um imbróglio na desproporcionalidade. O atendimento quase nunca foi para ela. Parecia para ela, mas era sobretudo para os seus pais, que sequer foram atendidos como plebeus por seus próprios pais e iam, agora, à desforra, por meio dela, para fazê-la a rainha que não foram. Ela veio ao mundo para o grande golpe entre os reinos. A rainha da vingança por procuração. Sua majestade, o sim.

Pais, nos bastidores de seu narcisismo desenfreado, desejam e fantasiam filhos de vida fácil, no sentido de banida de qualquer sofrimento. Isso aparece ainda mais exacerbado hoje em dia, mutilando com frequência as crianças de algo fundamental: a noção de que a realidade das realizações internas e externas demanda esforços profundos, porque a vida é difícil.

Tudo muito justo para refazer a justiça, mas agora lhe falta "não" como se faltasse ar, sol, água, comida, fontes de um crescimento. E lhe falta o que parece estar sentindo pela primeira vez ali comigo. Os olhos graúdos e castanhos estão baixos. Uma lágrima viscosa ensaia vir. A menina está sem nada para fazer, apesar de poder desenhar, brincar, falar. Nada para fazer – ela insiste, como uma criança. Eis a grande cena de antes, expressada agora.

É o tédio – reconheço, mas ela ainda não. Eu o conheço muito bem. Ele me acompanha desde a mais tenra infância, o que pode ser até mesmo uma dádiva de uma infância ontem; às vezes, éramos só eu e ele; às vezes, passávamos um tempo a três: eu, o tédio e a tristeza. Mas, depois, contava com todos eles para encontrar novas e melhores alternativas.

– Tédio – eu o apresento para ela.
– Maria – eu a apresento para ele.

Ela parece não gostar dele, tão pequena e já preconceituosa com o seu futuro e necessário companheiro. Dá as costas, faz muxoxo, baixa ainda mais os olhos, deixa a lágrima cair. Mas não me deixo levar pelas aparências ou pelo imediatismo. E invisto no encontro. Sei que ele é importante e decisivo e que aquela amizade pode gerar grandes frutos. Se temos uma qualidade, nós, analistas, é a persistência.

Ela segura outra lágrima meio inédita, e ficamos ali quietinhos, a muitos, eu, a pequena Maria, o grande tédio, alguma tristeza e até Vinícius de Moraes, que nos lança um olhar de canto de estante. Sem um bocado de tristeza não se faz um samba, não – ele chega a sussurrar, poeticamente convicto. Mas ela não ouve. Eu ouço analiticamente aquela prosa e, no que der, contarei para ela. Sem um bocado de poesia não se faz uma análise, não. A hora é única e sagrada. Hora pré-samba. E, claro, sem um bocado de tristeza não se faz nenhuma saúde mental. Sei do momento crucial. É quase uma primeira vez, como a de uma mamada, um sexo, um amor, uma morte. Talvez não de todo inédita, pois eu não teria o poder de deflagrá-la – só o de resgatá-la –, mas é a primeira vez inteira daqueles pedaços. Sei que os pais, em meio ao imbróglio real, esboçaram um "não", lançaram um talvez, talvez um mais ou menos, que agora resgatamos e tornamos mais robusto, como quem engrossa um caldo. Afinal, somos nós, analistas, criativos cozinheiros que aproveitam as sobras das geladeiras para requentá-las no fogão, em alto nível. E, agora, o caldo engrossou: o tédio é total. Quase total. Completo. Quase completo. De alta complexidade e muita dificuldade de sair. Tédio sólido. Pré-samba. Pós-cura. Sei que cada palavra é decisiva. Cada silêncio. Estar ali com ela, emprestando a capacidade de enfrentar silêncio, tédio, tristeza, nada. Quase nada. Que difícil é a contratransferência!

Batuco por dentro. Devolvo o olhar ao Vinícius. Eu, que nada sei, sei agora que sem um bocado de tristeza não se faz um samba, não. Não se faz nada sem poesia. E de um nada daqueles só se sai transformado por algum ritmo, alguma verdade de si e do outro, essa estranha função de juntar sons, cacos, palavras até obter uma rede que ampare com um novo sentido. Uma sombra para a claridade. Uma falta para preencher. A estranha função de sorver do inútil e brincar com uma cortina barata, como fazia Lebovici, de costas para o caro e para o luxo, de frente para o raro e para o outro. Para poder experimentar a sede e a fome, a fim de beber e comer melhor. Porque os alimentos sem alma ou subjetividade não saciam. Nada sacia, a não ser nomear que nada sacia e, disso, fazer a poesia de tudo ou, pelo menos, de algo suficiente para sobreviver à tristeza e ao tédio. E contar. É o que propõe a psicanálise da infância e de todas as idades. O novo sentido que vem de uma falta velha e realmente sentida. Agora vai, eu penso. Agora vai, eu sinto.

Uma rainha, acolhida por dentro, é destituída por fora em pleno golpe arquitetado por um tédio sentido e pensado, primeiro a dois, depois a três e a muitos. A poesia e a tristeza assumem o poder. E, agora, já é possível reinar por dentro.

35

DE QUANDO O PSICANALISTA DA INFÂNCIA NÃO BRINCA

> Aliás, para aprender mais tarde a caminhar com sapatos rotos, talvez seja bom ter os pés enxutos e aquecidos quando se é criança.
>
> Natalia Ginzburg

Valoriza-se muito – e com razão – a importância do brincar na psicanálise da criança (Aberastury, 1982). É a alma de sua técnica desde os trabalhos pioneiros de Ana Freud (1976) e, especialmente, de Melanie Klein. Brincando, a criança se torna um sujeito livre para associar. Faz-se a técnica que as emoções de uma análise preenchem: "a criança expressa suas fantasias, desejos e experiências de um modo simbólico por meio de seus brinquedos e jogos" (Klein, 1967b, p. 27).

Menos se fala e se escreve sobre o que acontece quando não se brinca. Ou no espaço entre as brincadeiras. No momento verbal da criança, que, às vezes, é menos olhado, sequer escutado, ou, com frequência, creditado como uma inibição.

Bento tem 8 anos e adora improvisar uma quadra de vôlei na sala de consulta. Para isso, utiliza como base da rede as caixas de lego. Ele as forra cuidadosamente, com almofadas. Levar a termo a engenhoca é o maior sinal de sua desinibição em curso. Há toda uma preparação para a partida, o que inclui o fechamento das cortinas para que a bola não amasse os frisos, como já fez uma vez. E baixar a tela do computador, até então intocado.

Os jogos são emocionantes e, em geral, abrem espaço para que falemos de raiva, frustração, sentimentos postos em cena na partida que são difíceis para ele fora dali, na vida em si. O jogo, enfim, aparece como pretexto, e, aqui, Bento se desinibe ainda mais.

As falas (textos) são feitas, em geral, durante os jogos, e vamos como costumamos ir no tratamento das crianças, quando não no de adultos: pelas beiradas, sem encarar o touro de frente. Seguidamente, a brincadeira fala por si. Certa feita, antes que eu baixasse a tela do computador, Bento jogou a bola sobre ela, em mira terrível e perfeita. E ficou me olhando. Fui surpreendido por aquela manifestação aparentemente destrutiva, sem saber ainda se foi impulsiva ou premeditada. Soube logo em seguida que tinha sido premeditada ou, no mínimo, "sem querer querendo", como no bordão de um programa que ele adorava assistir.

Minha surpresa só não foi maior do que a dele quando viu que não reagi de forma impulsiva nem violenta, tampouco o retaliei, como costumavam fazer seus pais. Atendendo ao chamado, eu desejava saber o que houve, eu queria saber o que há; por isso, brincava com ele. Tínhamos, ali, uma nova oportunidade de saber um pouco mais, mesmo que por linhas tortas. E, afinal, na análise e na vida, são as linhas tortas que conduzem ao mais verdadeiro de nós mesmos. Nós não somos retos.

Olhei para a tela um tanto avariada, fechei-a, metabolizei o medo pelo prejuízo, considerando-o menor do que a minha tarefa ali com ele. E perguntei por que tinha feito aquilo. Bento respondeu da mesma forma como eu costumava responder às suas perguntas frequentes, ou seja, com outra pergunta, sinal de que andava se identificando comigo:

– Um psiquiatra (como seus pais me chamavam) não pode ter raiva, né?
– Por que não?
– Porque, se ele tiver, como é que vai ajudar aqueles que têm?

– Um psiquiatra pode ter raiva, e ele tem, porque é uma pessoa. A diferença é que considera a raiva também um instrumento para ajudar a conhecer quem está querendo conviver melhor com a sua. Sim, eu senti raiva, mas nem por isso não posso conversar contigo sobre isso.

O desdobramento foi ótimo. Bento jogou melhor. Ganhou e perdeu com mais liberdade, sobretudo em relação à raiva. E tudo se deu na preparação do jogo, e não nele. Em um momento verbal, fora da brincadeira.

Isso me fez pensar na importância de uma atenção flutuante em momentos que se desdobram fora do *setting* e no fato de que, na análise da criança, brincamos também com as palavras e com o entorno. E no quanto ela costuma trazer o inusitado no que faz e no que não faz. No que brinca e não brinca. No que diz e no que cala.

36

O ESPAÇO DA INTERPRETAÇÃO NA CLÍNICA INFANTIL – DE QUANDO A VIDA É UM EMPATE

> Nós perdemos sempre, mas, às vezes, empatamos.
>
> Mário de Andrade, revisitado

Ela tem 8 anos, mas não parece. Carrega no olhar e no corpo o peso de uma doença grave no aparelho excretório. Às vezes, por tudo o que já passou, incluindo diálises frequentes, parece já uma mulher adulta, amadurecida precocemente. Venceu a doença, de certa forma, mas não a depressão, outro fruto de suas sequelas, como o efeito na autoestima das cicatrizes de fora e de dentro, junto a alguma restrição pela frequência com que precisa urinar.

A análise talvez a ajude a excretar, mas guarda a pretensão de ir além disso: a de compreender a falta habitual de excreção. São sessões difíceis; hoje sinto a dor dela tanto quanto ela, o que já foi maior em mim, e imagino que nela também. No passado, certa vez, adoeci fisicamente com ela, o que me ajudou ainda mais a compreendê-la. Na sessão mais recente, os dois já meio recuperados, interpretei que nossos longos silêncios, quando não jogamos e quando ela não desenha, quando não brincamos nem falamos, são frutos de ela não poder reconhecer o que deseja. E, assim, não poder lutar – excretar, eu penso. E concluímos que isso também é estar doente.

É algo em comum – fico pensando – entre a análise de adultos e crianças: ajudar a reconhecer o desejo e a defendê-lo, o que, às vezes, falta a seus pais – eu digo –, que hoje estão separados, mas que repetem os conflitos nas duas casas. E, às vezes, falta-lhe na escola – eu acrescento –, quando não luta pelo desejo de se entrosar com as amigas ou de perguntar à professora sobre algo que não entendeu: "O que se precisa fazer em relação à criança é conversar sobre o seu desejo e, nessa oportunidade, abrir o mundo em palavras, um mundo de representação, um mundo de linguagem, de vocabulário, um mundo de promessas de prazeres" (Dolto, 2018, p. 50).

Havíamos feito uma combinação na sessão anterior. Que, antes de entrar, pudesse se consultar sobre o seu desejo de estar ali. Ela chega com o mesmo silêncio mortífero. Evoco a combinação, e ela diz que esqueceu. Mas eu sinto que não esqueceu e sorrio. Ela sorri de volta; às vezes, preciso daquele sorriso para ter esperanças de que está curada. Apesar dos nomes convictos da medicina, não sabemos ainda exatamente o que é a sua doença, mas, para nós, ela hoje também é dor e metáfora (Sontag, 2002). Queremos uma vida sem enfermidade, com mais defesas e desejos, mesmo se não estamos certos de que o nosso trabalho possa interferir nisso. Eu desconfio de que sim, mas o faço com uma tristeza que, muito além de ser contaminada por ela, parece me/nos proteger da onipotência. E da doença. Então, vem uma certa alegria.

Ela diz que se lembrou da combinação e que quer estar ali e jogar damas. Jogamos, desejosos. Ela é muito inteligente para os seus 8 anos e movimenta as peças como se tivesse 28, assim como se movimenta como quem viveu uma doença grave mesmo sendo uma criança. O jogo avança, e eu jogo às ganhas. A propósito, ela já se irritou muitas vezes quando a deixei ganhar, e, então, aprendi que já estava na hora de desiludi-la de forma menos aterradora do que uma doença grave. Sim, nós perdemos, senão sempre, como expressou metaforicamente o poeta pelo menos muitas vezes. Outro de nossos bordões é: quanto mais se ganha, mais se perde.

Eu pensava nas mentiras que os pais contavam durante o seu tratamento. As mentiras sempre lhe fizeram mal, e, como a achei muito lúcida, e aqui ensinando o seu analista, eu não minto mais, tendo recuperado a ética da verdade, essa que é tão necessária na vida e na análise. Eu jogo de verdade e estou ganhando. A dez minutos do fim da sessão, tenho três damas e duas pedras, ao passo que ela tem apenas uma de cada, mas consegue mexer a sua dama e adiar a derrota, ou mesmo evitá-la. As peças andam em círculos. Lá pelas tantas, diz:

– Perdi.
– Por quê?
– Tu tens mais damas e peças e vais ganhar.

Então, interpreto o momento do jogo, dizendo que escolheu essa versão. A pior, mas não a única, nem a mais verdadeira, já que pode continuar mexendo a dama até o final da sessão e empatar depois de soar o gongo. O tempo, no caso, seria o seu aliado. O tempo faz parte de todas as narrativas – pensei.

Pensei também que, por um lado, a análise guarda no espaço uma de suas maiores marcas. Está no seu dispositivo, externa e concretamente. Por outro lado, ainda mais importante, busca cavá-lo internamente. Mas pode estar no tempo a sua transformação maior e mais fecunda, tornando-se capaz de suspendê-lo pelo tempo necessário, fazendo-o menos caótico e mais pensante, tempo expandido nos lados do seu espaço.[1]

Aos meus pensamentos sucede-se um silêncio menos mortífero. E um sorriso muito vivo. Então, interpreto mais e digo que, fora dali, parece com frequência agir e sentir do mesmo modo. Em meio a dificuldades, dá-se por derrotada quando poderia, no mínimo, empatar. Empatar não é perder – acrescento. Ela concorda e sorri novamente.

Sai mantendo o sorriso e me deixa com um sentimento maior ainda, o de que está curada: uma onipotência que só não é de todo uma onipotência porque sinto uma ponta realista de tristeza em nossa luta. E fico pensando que a doença e a morte são, no fundo, uma derrota, mas que, se lutarmos juntos, com persistência, poesia e narrativa, guardaremos a esperança de preservar a vida como pelo menos um prazeroso empate que nos permita sobreviver. Depois? Depois a gente vê se poderá ganhar.

---

[1] Marcelli (2007) mostrou a importância da organização do tempo na criança pequena.

37

CONSIDERAÇÕES SOBRE A CONTRATRANSFERÊNCIA

> Lá no meu interior
> Tem uma coisa que não tem nome
> Quando dou nome à coisa
> A coisa some.
>
> Roque Ferreira

Já durante o atendimento presencial, era muito difícil ouvi-la. Às vezes, impossível. Batia em mim uma ânsia que certamente nascia nela, um não sei o que que soava insuportável. Ela se deitava no divã, de costas para mim, enquanto eu media a minha frequência cardíaca e fazia devaneios em torno dos batimentos a cada minuto.

Está alta, está baixa, estou bem, estou mal. Quando conseguia sair desse registro psicossomático/hipocondríaco, deixando os dedos em paz, os olhos partiam para espiar a lombada dos livros nas estantes. Tal qual na vida, eles agora me socorriam na análise, e Dostoiévski ganhava a vez de Bandeira e de todos os outros. Eu sentia muita culpa da dispersão; o péssimo analista, o charlatão a que parte do Supereu se referia, estimulado pelo russo. A fala dessa jovem mulher era arrastada, monocórdica, lenta. Seria essa a sua forma? Também era mortífera em seu conteúdo. Seria aquilo? Seja o que fosse, diante dela, eu vivia nas nuvens. Certo argentino, o Emilio Rodrigué, acudia-me, discordando do russo ao sussurrar-me de sua lombada sobre o quanto nós, psicanalistas, vivemos de fato nas nuvens e sobre a importância inevitável que assim o seja.

Quando passamos para o atendimento virtual, por causa da pandemia do Coronavírus, piorou. O virtual oferecia recursos ainda maiores de dispersão, e Dostoiévski aprofundou a agudeza de seu olhar sobre mim. Já não estava na lombada, mas dentro, na parte mais vil e suja do meu Supereu. Cheguei a consultar um *e-mail* e até responder uma mensagem no Whatsapp. Um dia, percorri o meu *feed* de notícias do Facebook.

Foi quando aprofundei a análise da minha contratransferência, como em qualquer outra análise, perguntando a mim mesmo:

Qual era o pó? A cena. A infância não ouvida no adulto.

Qual era o teatro dela reatualizado em mim?

Perguntas: sempre bem-vindas. O drama apontava para a sua mãe deprimida, que, desde o primeiro ano de sua vida, grudou-se nela como a uma tábua de salvação, e pouco se desgrudaram depois. Um pai violento, verbalmente impulsivo nas ações e reprimendas, não colaborou com o processo.

Ao mesmo tempo em que a compreensão fazia Dostoiévski parar de me julgar, ocorreu-me aquela ideia estranha, e ideias estranhas fazem muito bem a uma psicanálise que vive de combater as ideias usuais, comuns, repetidas. Neuróticas.

Pensei se aquele meu gesto dispersivo não era justamente a saúde que faltava a ela. Poder ir alhures para sair da depressão materna contraída desde a sua infância. E sair da violência paterna, agora posta em mim. E aportar ao que poderia ser alheio a isso e a eles, ou seja, o outro lado da vida (da morte), e mesmo o outro lado dos pais. Faltaria, então, oferecer essa saúde para ela.

Mas como?

Diante de uma psicanálise mais afeita a criar do que a fazer, o fato de pensar assim, ou até mesmo de sonhá-lo, já era um enorme alento. O resto se criaria, e não tardou. Por estarmos no virtual, o seu cachorro arranhava a porta do quarto em que ela se conectava, e, um dia, ela o deixou entrar, em princípio tão somente para acabar com o ruído desagradável que ele fazia. Mas, durante a sessão, passou a dispersar-se nele, fazendo um carinho aqui, um sussurro ali, sempre muito constrangida desses atos, os quais tentava disfarçar sem resultado.

Havia a sombra de Winnicott na cena, com a possibilidade de valer--se de um objeto ou de um espaço transicional para sair de um grude, e sabemos o quanto isso é muito mais complicado quando o grude gruda mesmo. Ela parecia pôr em cena aquela saúde, e, baseado em tal hipótese, a partir de todo o encadeamento, eu a disse para ela. E o repeti até que a culpa pudesse arrefecer e até que a dispersão com o cachorro aparecesse como o mais saudável nela, antes que a mesma dispersão pudesse ser interiorizada e ela abrisse mão de cachorro ou de qualquer outro objeto vivo ou inanimado para que pudesse vir a ser e estar sozinha. Sabemos que não é pacífico o processo de vir a ser em meio à guerra da morte de uma simbiose que não finda.

As coisas daquela pessoa retomavam um prumo, um norte, como um relógio consertado ou como uma ambiguidade adquirida. Culpas arrefecidas, ela punha em cena o sentido possível de estar brincando sozinha (Winnicott novamente) na presença de uma mãe-analista não mais deprimida ou culpada de suas dispersões. Agora, eu não precisava mais conferir a frequência cardíaca ou conversar com as lombadas. Eu sabia que o meu coração estava funcionando. Eu conversava comigo mesmo, e eu mesmo conversava com ela mesma.

A análise parecia chegar a um de seus ápices, quando uma compreensão nos tira de autênticos impasses interpessoais, inversões retomam um melhor sentido e separações necessárias conseguem acontecer.

38

A ANÁLISE COMO UMA QUESTÃO DE LIBERDADE

> É preciso eternizar as palavras
> da liberdade ainda e agora.
>
> Conceição Evaristo

Ela tem 7 anos e propõe a seguinte brincadeira: depois de colocar a bola sob a camiseta, anuncia que está grávida e pede para eu fazer o parto. Ela faz de conta ali o que de fato sente fora dali, então se mostra tensa, com muita dor. Eu tento acalmá-la dizendo que sou um médico experiente e que tudo correrá muito bem no parto aparentemente imaginário. Mas não corre. Ela esperava que nascesse uma bergamota, e nasceu um bebê. Queria uma fruta calma e cheirosa, mas nasceu um ser fedido e chorão. Ela diz que está com raiva do bebê e o mata com a pena de uma peteca que ela mesma havia esbugalhado uma semana antes. Infanticídio, simples e terrível assim.

Na cena seguinte – ela sempre propondo a trama como se compusesse um sonho, de forma livre –, estamos na academia de ginástica. Somos agora dois homens que são amigos; ela está novamente com a bola sob a barriga (gorda), e eu sou o amigo cínico e violento que desdenha da obesidade do outro. A escolha aqui também foi minha de dramatizar o que ela costuma fazer com as amigas e não diz – diz-se *bullying* – e depois se arrepende, quando termina sozinha no recreio ou não é convidada para os aniversários. Faço comentários jocosos, chamo-o de baleia Orca e de hipopótamo fedorento e depois me arrependo (como ela) por perder o amigo. Mas ela retira a barriga, diz que era um falso gordo e faz de conta que me bateu. Eu chamo o segurança do recinto, mas, antes que ele venha, ela toma uma poção para ficar invisível.

Enquanto ela está invisível, tento conversar com o amigo que ofendi e com o segurança imaginário que chamei, mas ainda não é possível, pois a invisibilidade continua. Chego a dizer:

– Estou cego de ti, mas sei que não és surdo e que posso falar.

Essa frase, eu acho, veio do Corcunda de Notre Dame. Alheia ou não a ela, liga discretamente para a namorada, que vem logo em seguida e fica invisível também. Faz o papel das duas, que vão embora, mas volta outra mulher que pensei que fosse um disfarce da namorada. Eu converso com ela e explico por que meu rosto está vermelho, que levei um tapa de um amigo, o falso gordo.

No ritmo livre associativo de um sonho, em plena brincadeira desperta e em pleno teatro de uma análise que se desenrola, ela me diz que é outra pessoa, uma menina que foi morta pela mãe, mas que sobreviveu à tentativa de assassinato e, agora, cresceu. Então, digo que é uma enorme coincidência, pois sou o médico que fez aquele parto do passado e estou comovido de vê-la adulta, viva, já que tinha receio de que estivesse morta.

Conversamos sobre isso, e ela me conta, também emocionada, que a mãe queria que ela fosse uma bergamota, e não um bebê. Sim, eu me lembro da história e comento que não deve ter sido fácil para ela, desde o nascimento, não atender às expectativas da mãe e mais: ter de enfrentar a decepção materna de não ter sido atendida nessas expectativas. Ela me conta que já superou e que, inclusive, tornou-se uma pessoa rica e feliz. Hoje tem amigas, família e muito dinheiro, o que inclui um castelo cheio de brinquedos e chocolates. Fico feliz de vê-la já sonhando com o que ainda não tem. Oferecer a aptidão de sonhar: não seria essa a meta principal de uma análise da infância (e dos adultos), ou, pelo menos, um passo primeiro e decisivo?

O artista chinês Ai Weiwei foi preso e torturado pela ditadura comunista. Hoje, ele é uma celebridade criativa e livre. Quando perguntado sobre o perigo de um mundo que vem atentando cada vez mais contra a liberdade de expressão e impondo a censura, Weiwei disse que a liberdade não é algo concedido, mas conquistado, e que é preciso fazê-lo a cada dia. A sua abordagem é mais política, mas, do ponto de vista emocional e da relação entre pais e filhos, faz igualmente o maior sentido.

Se nós também somos frutos do narcisismo parental, na verdade não nascemos livres. Precisamos dar conta dessas expectativas que podem ser estruturantes ou aprisionar-nos. Em geral, são estruturantes e aprisionam. Ao longo da vida, precisamos elaborá-las, examiná-las, transformá-las, um trabalho hercúleo e diário de pais e filhos. Como um amor construído. Como uma liberdade conquistada. Como uma análise.

Hoje, a menina de 7 anos, ao sair da sessão, depois de propor tantas cenas, consegue dar um beijo em sua mãe, que retribui, em uma cena real e contrastante com a frieza do reencontro – e do apego – nos primeiros tempos.

Que análise digna desse nome não fomenta vínculos melhores? Se há algo a considerar como critério de evolução para a dupla, não o encontramos apontado em nenhuma lista protocolar classificatória de sintomas ou diagnósticos, e precisaria estar escrito mais ou menos assim: ao poderem pensar, sentir e brincar sobre o que as aflige, estão mais livres para serem quem são, e não o que outros esperavam que fossem.

39
A CLÍNICA NA INFÂNCIA COMO UM NEGÓCIO ENTRE CRIANÇAS

> A palavra dentro da palavra, incapaz de dizer palavra.
>
> T. S. Eliot[1]

Precisamos falar do ônibus e do menino. Pelo menos, um parágrafo para cada um, a fim de que a história possa ganhar algum sentido. Ganhá-lo é parte essencial, senão a principal, do nosso trabalho como analistas ou escutadores de histórias: "Às vezes um sentido até apreensível/pode acontecer" (Szymborska, 2020, p. 315).

O ônibus é uma réplica do ônibus londrino. Ganhei na infância quando os pais viajaram para a Europa, o que era muito longe e muito caro. Brinquei com ele, que virou xodó, talismã – memória –, e gosto de levar

---

[1] Tradução de Idelma Ribeiro de Faria.

alguns desses objetos para o consultório. Victor Guerra (2018) os chama de tutores, porque são capazes de promover uma narrativa, quase tudo o que queremos em uma análise.

Poder narrar, essa saúde. É como cultivar um pedaço melhor da minha própria infância que estará em pauta, via contratransferência, no encontro com as outras infâncias. Já levei o lego, o dedinho (*finger bol*); é como levar-me, e, em nosso trabalho, o que mais utilizamos é a nossa pessoa. Uma pessoa é passado, presente, futuro. Uma pessoa leva à outra. Uma pessoa é as suas histórias. A nossa pessoa não está propriamente em nós. Não é física, autolimitada; espalha-se felizmente pelas lembranças felizes ou infelizes de suas narrativas e de seus silêncios. E, sobretudo, pelo que há disso nos objetos. Os objetos falam por nós, talvez até mais do que nós, já que estão garantidos por alguma mediação. O ônibus também era eu.

O menino tinha 6 anos e ainda não conseguia expressar o que sentia. Expressar, assim, brincando, que é como falam de verdade as crianças quando tomam o prumo de si mesmas e deixam de ser um objeto do desejo alheio. Corrijo: conseguia sim, mas por meio dos atos. Nesse sentido, ou em busca de algum, ele frequentava o meu consultório pelo mesmo motivo dos outros – embora todos sejam únicos –, que é justamente encontrar palavras, canções, desenhos, brincadeiras para o que se sente ou para como se age por não poder sentir, em especial diante das injustiças, das carências, das faltas. Por isso, ele vinha. Por isso, vinha brincar, e brincávamos de dedinho, lego, livros, bola. E de ônibus londrino. Por isso, viemos todos nós. Dito isso, preciso de mais parágrafos para explicar melhor. É que as histórias são como nós e vão ficando complexas ou ambíguas à medida em que vamos vivendo e contando.

Com seu jeito de se expressar, ele quebrou meu ônibus. Foi de repente, premeditado, sem atenuante de ato falho. Não estávamos a sós. Estavam com a gente – por dentro dele – a mãe e o pai, que, sem querer, faziam-no se expressar assim. E, dentro de mim, o menino que fui aos 6 anos, com um pai e uma mãe por fora e por dentro que fizeram de mim, aos 6 anos, alguém que não topava quando outro alguém quebrava alguma coisa minha. E, como havia mais fantasmas, éramos, de fato, uma multidão.

O fascínio de um trabalho como esse é que eu não poderia tratá-lo sem tratar-me antes. Primeiro, era preciso acolher e acalmar o retorno do menino de 6 anos que havia em mim e, só depois, tratar o outro menino. Talvez durante. Talvez o meu caso fosse ainda mais grave do que o dele. Certamente, precisava ser tratado anteriormente e ao mesmo tempo, se é que era possível. Analisar é colar por meio de uma reparação possível, como preconizava Melanie Klein, nem que no imaginário.

Enfim, dispensando outros parágrafos, colei o ônibus por fora e por dentro, onde é bem mais difícil. Despedi-me de sua perfeição londrina, acalmei o meu passado com os seus buracos e mergulhei no presente brasileiro.

Que fascinante era mesmo aquele trabalho! Eu me dedicava a tratar os outros e, para tanto, precisava tratar-me o tempo todo. E, como no meu caso tratar-me costuma engendrar a poesia, ela compareceu:

> Uma pessoa pode entrar na outra pessoa,
> não como entra na hora rara e sagrada
> de uma pessoa entrar na outra pessoa
> com um pedaço saltado de sua pessoa
> no pedaço entranhado da outra pessoa,
> fazendo-a sentir-se inteira, sendo inteiro.

> Uma pessoa pode entrar na outra
> como pessoa roendo os passos
> e os pensos da outra pessoa
> e são os casos
> piores
> entre
> pessoas:
> a cura em si é impossível,
> embora olhar a entrada
> da outra pessoa
> na outra pessoa
> torne a pessoa apta
> a ser a própria pessoa,
> mesmo doente e doendo,
> mas há casos sagrados
> em que olhar a entrada
> da pessoa na outra
> vem acompanhado
> de um assovio intacto
> da canção de pessoas
> ou bichos

ou coisas,
esses que a literatura
considera como raros
e aqui chamamos de cura.[2]

---

[2] *Poema dos casos raros*, do autor, inédito.

40

A CAPACIDADE DE SACRIFÍCIO DO PSICANALISTA DA INFÂNCIA

> Entre todos os terapeutas da miséria humana, o psicanalista é o que compartilha mais e melhor essa vocação maternal, à medida que, do sujeito sofredor, escuta a dor psíquica.
>
> Julia Kristeva

Um pouco antes de ele entrar, eu estava às voltas com duas palavras à cata de um poema. "Grega" e "negra" eram elas, e agradava-me a sonoridade da junção dos dois vocábulos aparentemente dissonantes, mas ainda não via sentido nisso. Já o menino chegou no baixo dos seus 10 anos, e o primeiro assunto foi o de sempre: o insucesso escolar.

Nada parecia interessá-lo em termos de aprendizagem, e, se havia toda uma conexão com seus pais e a sexualidade (infantil) gravitando em torno da liberdade ou não de pensar (aprender), nós tínhamos o nosso aqui e agora, garantido pela transferência.

Os pais eram estudiosos brilhantes – ele dizia que gostava de se esquecer disso. E logo o lembrei do seu próprio interesse pelos dinossauros e da mais recente sessão, quando, em busca de contato mais íntimo, havia apresentado para ele a minha história infantil de um dinossauro de duas cabeças, uma carnívora, outra herbívora.

Não lembro o que achou nas suas palavras, mas, traduzindo para as minhas, tratava-se, segundo ele, de uma história inverossímil e pouco capaz de cativar um leitor, especialmente alguém do ramo como ele. Ele era agora um professor exigente, e eu, um aluno insuficiente: qualquer semelhança da transferência com a realidade não era mera coincidência. Mas aqueles dinossauros descabidos pareciam aliviá-lo, como parecia aliviar-me ouvi-lo profundamente e entender por que duas editoras haviam recusado a história que, de fato, ainda não estava boa. Emprestar a ele a função de lidar com o fracasso proveniente de comparações alcançava o primeiro plano da análise e parecia ajudá-lo, o que, mesmo sendo pontualmente transferencial, pode ser um desafio universal: "Nada é dado, tudo emprestado" (Szymborska, 2020, p. 215).

Nunca soube quantificar a importância dessas fontes para o que ocorreu nas semanas seguintes ou o quanto a sua melhora escolar, em termos de atenção e resultados – de prazer, sobretudo, de pensar e aprender –, tinha a ver com os dinossauros que ele agora inseria em pequenos vídeos no celular, conforme fazia na sessão e, depois, refazia em casa. Ou o quanto tinha a ver com a possibilidade de ser realmente escutado pelas figuras parentais na transferência, a ponto de ser perguntado sobre o seu real interesse e sobre sua visão crítica a propósito da história de um analista que sobrevivia ao próprio fracasso da tentativa de expressão. Aquilo era quase inédito para ele, e sabemos o quanto esse "quase" pode ser decisivo, em termos de qualidade de mãe e pai, para o analista poder trabalhar em seu costumeiro resgate.

Crianças historicamente são pouco escutadas. Falam em outra língua (pré-língua), não aquém do princípio do prazer; tampouco, além: precisamente nele. Ainda estão infensas à educação continuada e ao maior recalcamento e gozam de uma liberdade que realça a vida e a morte, o que também as torna tão vulneráveis para a escuta confusa de um adulto (Ferenczi, 1923). Estar surdo a elas é natural, mais ainda quando os pais do filho foram filhos de pais portadores de uma escuta ínfima, como era o caso.

Achei de muita qualidade o seu mais recente filme, realizado no celular, sobre um Tiranossauro Rex que viveu sozinho durante muito tempo até encontrar um amigo igualmente carnívoro:

– Só carnívoro, ok? – ele repetia para mim. E, como ele era paciente, criança e, sobretudo, muito sagaz, jamais lhe mostrei o meu poema sobre a grega negra, que, aliás, permanece inacabado.

Já a história do dinossauro de duas cabeças segue sendo burilada para também encontrar o seu lugar ao sol, ou seja, para depois de sobreviver a difíceis comparações receber o olhar acolhedor de algum leitor, amante ou analista.

POSFÁCIO

> Amargosa, por que choras no deserto?
> Amargosa, o deserto é para chorar
>
> Otto Ferreira

Não me parece estranho que logo eu, que escrevo tanto, tenha levado tantos anos para narrar este episódio. Ele me convence de que há, no mundo, muita história em potencial e ainda não narrada, à espera da boa digestão – da análise? – de suas dores até encontrar palavras redentoras. Eu, por exemplo, precisei de um livro inteiro.

Estávamos, em Montpelier, minha filha, a mãe dela, professora convidada pela universidade para uma breve temporada, e eu. Fomos hospedados em um pequeno *studio* no centro histórico com uma cozinha comunitária e banheiro privativo. E justo nesse pequeno grande conforto morava a origem do maior sufoco.

Era fevereiro. Fazia muito frio em Montpelier. Ligamos o fácil aquecimento para o próximo banho, já que o calor contava com o pequeno espaço e a falta de janelas. Então, um corte fatal. O que houve depois apagou-se, e já nos vejo adentrando o inferno. A filha, 3 anos à época, teve forças para entrar no banheiro e chavear a porta como quem brinca e testa a vida. O diabo é que o ferro maciço da fechadura contava com a gravidade para fechar, mas não para abrir. Para reverter a operação, faltava até altura para a pequena. Trancada lá dentro, ela ria, inocente dos perigos dessa vida, mas, em seguida, começou a sentir calor. Muito calor. E a morte já nos espiava.

No lado de fora, ardíamos de desespero e tínhamos passado a primeira fase, a da tentativa impossível de contar com uma criança para reverter o fechamento de uma porta secular. A segunda fase foi tentar arrombar; pedi que ela fosse o máximo possível para o canto, o que era quase impossível naquelas dimensões, e comecei a investir com toda a minha força. Lembrava de cenas em que pais foram capazes de levantar um carro com o próprio corpo ou pular na água para salvar o rebento de um crocodilo esfaimado. Mas eram realidades meio ficcionais, e aquela porta era realmente secular. O único efeito foi um ombro em frangalhos, mas eu nem senti a dor física em meio ao reflexo de uma mãe desesperada e de uma filha reclamando do calor e contando que o corpinho pingava sem parar. Meu Supereu garantia novamente que eu era uma bosta de pai.

Então, parei para pensar e pensei que ali eu só contava com o meu pensamento. Com a força dele, e não do corpo. Primeiro, liguei para os bombeiros e, prontamente atendido, tive um primeiro alívio, embora insuficiente. Mas segui pensando; sabia que eles tinham ruelas de um centro histórico para superar com seu carrão de enormes dimensões e, utilizando uma faca pilhada da cozinha comunitária, aumentei o buraco da fechadura para entrar mais ar. E, pensando ainda, instruí a filha a retirar o fio do aquecimento da tomada. A operação era delicada para os seus dedinhos – eu já tinha pensado na relação risco-benefício, depois pensei na entonação de cada palavra emitida. Eu as pronunciei como quem recita o texto mais importante da sua vida. Da minha vida. Das nossas vidas.

Até hoje me regozijo com o barulhinho do desencaixe da tomada. Música nenhuma seria capaz de superá-lo – já tentei com Mozart, Rolling Stones, Caetano Veloso, e nada. Salva a filha, ela voltou a rir na hora, e eu estou rindo até hoje, quinze anos depois, pouco ligando para um ombro ainda meio sequelado.

Depois, os bombeiros tinham quase dois metros de altura e, em segundos, abriram a porta com a maior astúcia e facilidade, revisaram a menina de cabo a rabo e fizeram-nos mil perguntas dentro de um protocolo que precisava afastar se houve negligência. Eu havia trabalhado, poucos anos antes, na L'aide sociale à l'enfance, órgão francês responsável pelas crianças negligenciadas que viviam em abrigos públicos. Eu sabia que não estavam lá para brincadeiras e até hoje tenho pesadelos com a cena.

Fomos aprovados sem louvor, mas eu ainda precisava me livrar dos seus olhares inquisidores e não levar dentro de mim aquela culpa vida afora. No fundo, sabia que jamais me livraria, já que nem Freud (1925/1996j) livrou-se do olhar perfurante de seu professor no único dia em que chegou atrasado para a aula.

Saí do episódio com a certeza de que me manter pensando havia salvado a filha (logo, os pais) e de que precisamos de muita força psíquica para não aceitar olhares que vão nos acusar para sempre.

Não foi à toa que, na volta, desisti de um emprego mais burocrático e passei a investir tempo integral na psicanálise clínica. Eu queria me tornar ainda mais pensante. Eu queria me sentir ainda menos culpado.

REFERÊNCIAS

Aberastury, A. (1982). *Psicanálise da criança: Teoria e técnica*. Artmed.

Abu-Jamra, S. Z. (2008). *A criança e o infantil em psicanálise*. Escuta.

Altmann, M. (1998). *Juegos de amor y magia entre la madre y su bebé – La Canción de Cuna*. Unicef.

Andrade, M. de. (1985). *Macunaíma*. Itatiana.

Andrade, M. de. (2013). *Poesias completas*. Nova Fronteira.

Ariès, P. (1973). *História social da criança e da família*. LTC.

Aulagnier, P. (1979). *A Violência da interpretação: Do pictograma ao enunciado*. Imago.

Bachelard, G. (1990). *Fragmentos de uma poética do fogo*. Brasiliense.

Baleiro, Z. (1999). Maldição. In *Vô imbolá* [CD].

Bauman, Z. (2007). *Tempos líquidos*. Zahar.

Beauvoir, S. de. (2015). *A cerimônia do adeus*. Nova Fronteira.

Belchior (1976). Como nossos pais. In *Alucinação* [CD].

Ben Soussan, P. (2004). S'il vous plait, dessine-moi un parent... In P. Marciano (Ed.), *Spirale – Parentalité accompagnée...parentalité confisquée?* (Vol. 29, pp. 33-45). Érès Editions.

Bethânia, M. (2016). Maracanandé. In *Abraçar e agradecer* [CD].

Bettelheim, B. (1976). *Psychanalyse des contes de fées*. Robert Laffont.

Bion, W. R. (1979). *Aux sources de l'expérience*. Puf. (Obra original publicada em 1962)

Bion, W. R. (2006). *Atenção e interpretação*. Imago. (Obra original publicada em 1970)

Bion, W. R. (1996). *Uma memória do futuro – A aurora do esquecimento* (Vol. 3). Imago.

Birman, J. (1996). *Por uma estilística da existência*. Editora 34.

Blake, W. (2005), *Canções da inocência e da experiência*. Crisálida.

Blanchot, M. (2010). *A conversa infinita: A ausência de livro (Vol. 3)*. Escuta.

Borges, J. L. (2011). *Nove ensaios dantescos & a memória de Shakespeare*. Companhia das Letras.

Bowlby, J. (1990). *Formação e rompimento dos laços afetivos* (2. ed.). Martins Fontes. S1

Braier, Eduardo. (1991). *Psicoterapia breve de orientação psicanalítica*. Martins Fontes.

Brasil, L. A. A. (2019). *Escrever ficção – Um manual de criação literária*. Companhia das Letras.

Brazelton, T. B. (1988). *O desenvolvimento do apego – Uma família em formação*. Artes Médicas.

Burke, J. (2010). *Deuses de Freud – A coleção de arte do pai da psicanálise*. Record.

Campos, A. de. (2009). *Byron e Keats: Entreversos*. Unicamp.

Carlos, E. (1971). É preciso dar um jeito, meu amigo. In *Carlos, Erasmo* [CD].

Carlos, R. (1971). Amada amante. In *Roberto Carlos* [CD].

Carlos, R. (1978). Lady Laura. In *Roberto Carlos* [CD].

Ciccone, A. (2020). *Transformation et invariance – Prolongement à la pensée de Bion*. Colloque du Centre de Recherche em psychopathologie et psychologie clinique, Symbolisation et transfromation.

Cramer, B., & Palacio-Espaza, F. (1993). *La pratique des psychothérapies mères-bébés*. Puf.

Diatkine, R. (1994). *L'enfant dans l'adulte ou l'éternelle capacité de rêverie*. Delachaux et Niestlé.

Dill, L. (2019). *100 mil seguidores*. Casa 29.

Dolto, F. (1988). *Dificuldade de viver – Psicanálise e prevenção das neuroses*. Artes Médicas.

Dolto, F. (2018). *Tudo é linguagem*. Martins Fontes.

Dubeux, Karina. (2008). *Salvos por um mergulho: A história do casal de brasileiros que escapou do tsunami*. Kalligraphos.

Eco, U. (1962). *L'oeuvre ouverte*. Seuil.

Eliot, T. S. (1992). *Seleção – T. S. Eliot, Emily Dickinson, René Depestre*. Editora Hucitec.

Evaristo, C. (2017), *Poemas da recordação e outros movimentos*. Malê.

Etchegoyen, H. (1987). *Fundamentos da técnica psicanalítica*. Artes Médicas.

Faimberg, H. (2001). *Gerações – Mal-entendido e verdades históricas*. Criação Humana e Sociedade de Psicologia do Rio Grande do Sul.

Fédida, P. (1978). *L´absence*. Gallimard.

Ferenczi, S. (1923). *Oeuvres Complètes*. Payot.

Ferreira, O. (2003). Amargosa. In *Sem gravidade* [CD].

Ferreira, R. (2004). Quebradeira de coco. In *Tem samba no mar* [CD].

Ferro, A. (2008). *Técnica e criatividade: O trabalho analítico*. Imago.

Figueiredo, L. C. (2012). *As diversas faces do cuidar: Novos ensaios de psicanálise contemporânea*. Escuta.

Flesler, A. (2012). *A psicanálise de crianças e o lugar dos pais*. Zahar.

Frayze-Pereira, J. A. (2005). *Arte, dor: Inquietudes entre estética e psicanálise*. Ateliê Editorial.

Freud, A. (1976). *L'enfant dans la psychanalyse* (Connaissance de l'Inconscient). Puf.

Freud, S., & Breuer, J. (1996a). Estudos sobre a histeria. In S. Freud, *Edição standard brasileira das obras psicológicas completas* (Vol. 2). Imago. (Obra original publicada em 1893).

Freud, S. (1996b). Lembranças encobridoras. In S. Freud, *Edição standard brasileira das obras psicológicas completas* (Vol. 2). Imago. (Obra original publicada em 1899).

Freud, S. (1996c). Romances Familiares. In S. Freud, *Edição standard brasileira das obras psicológicas completas* (Vol. 9). Imago. (Obra original publicada em 1909).

Freud, S. (1996d). Duas histórias clínicas (o "Pequeno Hans" e o "Homem dos Ratos"). In S. Freud, *Edição standard brasileira das obras psicológicas completas* (Vol. 10): Imago. (Obra original publicada em 1909).

Freud, S. (1996e). Totem e tabu e outros trabalhos. In S. Freud, *Edição standard brasileira das obras psicológicas completas* (Vol. 13). Imago. (Obra original publicada em 1913).

Freud, S. (1996f). Recordar, repetir e elaborar (novas recomendações sobre a técnica da psicanálise II). In S. Freud, *Edição standard das obras psicológicas completas* (Vol. 12). Imago. (Obra original publicada em 1914).

Freud, S. (1996g). Observações sobre o amor transferencial, In S. Freud, *Edição standard das obras psicológicas completas* (Vol. 12). Imago. (Obra original publicada em 1915).

Freud, S. (1996h). Além do princípio do prazer. In S. Freud, *Edição standard brasileira das obras psicológicas completas* (Vol. 18). Imago. (Obra original publicada em 1920).

Freud, S. (1996i). A negativa. In S. Freud, *Edição standard das obras psicológicas completas* (Vol. 19). Imago. (Obra original publicada em 1925).

Freud, S. (1996j). Um estudo autobiográfico. In S. Freud, *Edição standard das obras psicológicas completas* (Vol. 20). Imago. (Obra original publicada em 1925).

Freud, S. (1996k). Análise terminável e interminável. In S. Freud, *Edição Standard das Obras Psicológicas Completas* (Vol. 22). Imago. (Obra original publicada em 1937).

Freud, S. (1996l). O mal-estar na civilização. In S. Freud, *Edição standard das obras psicológicas completas* (Vol. 8). Imago. (Obra original publicada em 1930).

Freud, S. (2004). À guisa de introdução ao narcisismo. In S. Freud, *Escritos sobre a psicologia do inconsciente* (Vol. 1, pp. 95-131). Imago. (Obra original publicada em 1914).

Gil, G. (1969). O cérebro eletrônico. In *Cérebro eletrônico* [CD].

Ginzburg, N. (2020). *As pequenas virtudes*. Companhia das Letras.

Goldstein, G. (2019). *A experiência estética – Escritos sobre psicanálise e arte*. TGE.

Golse, B. (2006). *L'être-bébé*. Puf.

Green, A. (1994). *O Desligamento: Psicanálise, Antropologia e Literatura*. Imago.

Guerra, V. (2018). *Rythme et intersubjectivité chez le bébé*. Éditons érès.

Gutfreind, C. (2012). *A dança das palavras: Poesia e narrativa para pais e professores*. Artes & Ofícios.

Gutfreind, Celso. (2016). *Crônica dos afetos: A psicanálise no cotidiano*. Artmed.

Gutfreind, C. (2018). Nhaque, games e cu-de-galinha. *Revista de psicoterapia da infância e da adolescência, 27*, 61-67.

Gutfreind, C. (2020). *Mais relato, menos metapsicologia*. Artes & Ecos.

Guzmán, P. (2010). *Nostalgia da luz* [Filme].

Honigsztejn, H. (1990). *A psicologia da criação*. Imago.

Jablonski, E. (2020). *Carlos Nejar: Um imenso poeta*. Class.

Jones, E. (1989). *A vida e obra de Sigmund Freud*. Imago.

Kehl, M. R. (2020). *Ressentimento*. Boitempo.

Krenak, A. (2019). *Ideias para adiar o fim do mundo*. Companhia das Letras.

Klein, M. (1967a), L' importance de la formation du symbole dans le développement du moi. In M. Klein, *Essais de Psychanalyse (1921-1945)* (Collection Science de l'homme). Payot.

Klein, M. (1967b). L'analyse de jeunes enfants. In M. Klein, *Essais de Psychanalyse (1921-1945)* (Collection Science de l'homme). Payot.

Klein, M. (1984). *Inveja e gratidão*. Imago.

Konicheckis, A. (2005). Le récit comme une berceuse. Profondeur et temporalité psychique. In B. Golse & S. Missonnier (Eds.), *Récit, attachement et psychanalyse – Pour une clinique de la narrativité*. Érès Édition.

Kristeva, J. (1974). *La révolution du langage poétique*. Aux Éditions du Seuil.

Kristeva, J. (2002). *O gênio feminino: A vida, a loucura, as palavras – Tomo I: Hanna Arendt*. Rocco.

Lacan, J. (1995). *O Seminário, livro 4: A relação de objeto*. Zahar. (Obra original publicada em 1956).

Laing, R. D. (1972). *O eu e os outros*. Vozes.

Larrosa, J. (2006). *Nietzsche & a educação*. Autêntica.

Lebovici, S. (2000). Entretien. *Revue L'autre – Cliniques, cultures e societés, 1*(2).

Lebovici, S., & Diatkine, R. (2002). *Significado e função do brinquedo da criança*. Artmed.

Lévi-Strauss, C. (1996). *Anthropologie structurale*. Paris: Plon. (Obra original publicada em 1958).

Lipman, M. (2010). *Educação para o pensar filosófico na infância*. Vozes.

Lisboa, N. (1988). Telhados de Paris. In *Hein?!* [CD].

Lispector, C. (1973). *Água viva*. Artenova.

Machado, A. (1982). *Sellected Poems*. Harvard University.

Mannoni, M. (1979). *La théorie comme fiction*. Éditions du Seuil.

Mannoni, M. (1986). *A primeira entrevista em psicanálise*. Campus.

Marcelli, D. (2007). Entre les microrythmes et les macrorythmes: La surprise dans l'interaction mère-bébé. *Spirale, 44*(4), 123-129.

Meireles, C. (1990). *Ou isto ou aquilo*. Nova Fronteira.

Montale, E. (2000). *Diário póstumo*. Record.

Montero, R. (2013). *A ridícula ideia de nunca mais te ver*. Todavia.

Morin, E. (1998). *Amor, poesia, sabedoria*. Bertrand Brasil.

Nejar, C. (1978). *O chapéu das estações*. Nova Fronteira.

Neruda, P. (1971). *Ainda*. José Olympio.

REFERÊNCIAS

Neto, M. S. (2020). Livros, leitura e literatura no Brasil: Os desafios de se propagar a cultura do livro em um país que resiste à leitura e tem um sistema educacional dos mais frágeis. *Jornal do Rascunho, 240*, 19.

Nogueira, J. (2012). Além do espelho. In *Além do que os olhos podem ver* [CD].

Ogden, T. (2010). *Esta arte da psicanálise: sonhando sonhos não sonhados e gritos interrompidos*. Porto Alegre: Artmed e Sociedade Psicanalítica de Porto Alegre (SPPA).

Pavlovsky, E. (1980). *Espacios y creatividad*. Busqueda.

Pavlovsky, E. (1982). *Proceso creador – Terapia y existencia*. Ayllu.

Pierpont, C. R. (2015). *Roth libertado – O escritor e seus livros*. Companhia das Letras.

Rancière, J. (2012). *O espectador emancipado*. Martins Fontes.

Rivera, T. (2020). *Psicanálise antropofágica (identidade, gênero, arte)*. Artes & Ecos.

Rodrigué, E. (2006). *Separações necessárias – Memórias*. Companhia de Freud.

Rosenberg, A. M. S. de. (1994). *O lugar dos pais na psicanálise de crianças*. Escuta.

Rouanet, S. P. (2001). *Teoria crítica e psicanálise* (5. ed.). Tempo Brasileiro.

Solis-Ponton, L. (2004). *A construção da parentalidade*, In M. C. P. da Silva (Org.), *Ser pai, ser mãe – parentalidade: Um desafio para o próximo milênio*. Casa do Psicólogo.

Sontag, S. (2002). *A doença como metáfora* (3. ed.). Graal.

Sosa, M. (1985). Volver a los diecisiete. In *Corazón americano* [CD].

Steiner, G. (1988). *Linguagem e silêncio – ensaios sobre a crise da palavra*. Companhia das Letras.

Stern, D. (1993). L'enveloppe prénarrative. *Journal de la psychanalyse de I 'enfant, 14*, 13-65.

Stern, D. (1997). *La constellation maternelle*. Calmann-Lévy.

Stones, R. (2016). She's a rainbow. In *The Rolling Stones in Mono* [CD].

Strachey, J. (1948). Naturaleza de la acción terapêutica del psicoanálisis. *Revista de Psicoanálisis, 5*(4), 951-983.

Szymborska, W. (2020). *Para o meu coração num domingo*. Companhia das Letras.

Trevisan, A. (1973). *Funilaria do ar*. Movimento.

Trevisan, A. (2001). *Nova antologia poética*. Sulina.

Trevisan, A. (2004). *O sonho nas mãos*. AGE.

Veloso, C. (1981). Nú com a minha música. In *Outras palavras* [CD].

Veloso, C. (2011). Podres poderes. In *Velô* [CD].

Veloso, C., & Gil, G. (1993). Desde que o samba é samba. In *Tropicália 2* [CD].

Wachowski L., & Wachowski, L. (1999). *Matrix* [Filme].

Wallerstein, R. S. (1988). One psychoanalysis or many ? International Journal of Psychoanalysis, 69, 5-21.

Williams, M. H. (Ed.). (1986). *Les écrits de Martha Harris et d'Esther Bick*. Editions du Hublot.

Winnicott, C., Shepherd, R., & Davis, M. (Orgs.). (1994). *Explorações psicanalíticas D. W. Winnicott*. Artmed.

Winnicott, D. W. (1969). *De la pédiatrie à la psychanalyse*. Payot.

Winnicott, D. W. (1975). *Jeu et réalité – L'espace potentiel*. Gallimard.

Winnicott, D. W. (1984). *Consultas terapêuticas em psiquiatria infantil*. Imago.

Wood, J. (2017). *Como funciona a ficção*. SESI-SP.

Zé, T. (1976). Tô. In *Estudando o samba* [CD].

IMPRESSÃO:

PALLOTTI
GRÁFICA

Santa Maria - RS | Fone: (55) 3220.4500
www.graficapallotti.com.br